Inhaltsverzeichnis

Vorwort 6

Kapitel 1: Einleitung: Der Mensch im Mittelpunkt – Grundlagen der Systemik und Logotherapie im Verkauf 8

    Die systemische Lehre: Der Mensch im Netzwerk seiner Beziehungen 9

    Die Logotherapie: Sinn und Werte im Mittelpunkt 11

    Die Verbindung von Systemik und Logotherapie im Verkauf 14

    Werte und Emotionen erkennen – Der Schlüssel zum Verkaufserfolg 15

    Praktische Beispiele: Werte und Emotionen erkennen 16

    Die Sinnperspektive erweitern 18

    Der logosystemische Verkäufer als Sinnvermittler 20

Kapitel 3: Wertschätzung, Empathie und Authentizität als Basis 20

    Der Mensch im Mittelpunkt 20

    Werte als Kern der menschlichen Motivation 21

    Die Herausforderung: Werte sind individuell 23

    Emotionen und Bedürfnisse als Begleiter der Werte 23

    Carl Rogers: Wertschätzung, Empathie und Authentizität als Erfolgsprinzipien 24

    Praktische Beispiele: Werte, Emotionen und Bedürfnisse ansprechen 25

Kapitel 4: Fragetechniken – Der Schlüssel zu einem erfolgreichen Verkaufsgespräch 27

    Einleitung: Die Macht der Fragen im Verkauf 27

    Warum Fragen im Verkauf unverzichtbar sind 29

    Die wichtigsten Fragetechniken im Verkauf 29

    Zusammenfassung: Systemische und logotherapeutische Fragen 33

Kapitel 5: Die ABZ-Methode – Argumentieren mit Struktur und Kundenorientierung 34

    Einleitung: Die ABZ-Methode als Schlüssel zu überzeugenden Argumenten 34

    Die Grundlagen: Warum Nutzenorientierung entscheidend ist 34

    Die ABZ-Methode im Detail 35

    Erweiterte Beispiele für die ABZ-Methode 37

    Weitere Ansätze zur Nutzenorientierung 39

Kapitel 6: Die Preispräsentation – Die Sandwich-Technik 41

    Einleitung: Die Herausforderung bei der Preispräsentation 41

    Warum die Sandwich-Technik so wichtig ist 42

    Wie die Sandwich-Technik funktioniert 43

    Schlüssel zur erfolgreichen Anwendung 46

Kapitel 7: Die Körpersprache im Verkauf – Der Schlüssel zu erfolgreicher nonverbaler Kommunikation 47

    Einleitung: Die stille Sprache des Erfolgs 47

    Spiegeln (Mirroring) – Die Kunst der nonverbalen Verbindung 48

    Aktives Zuhören mit Körpersprache 50

    Körpersprache des Kunden lesen 51

    Die Bedeutung der Körpersprache am Telefon 52

Kapitel 8: Die Verkaufsphasen – Ein strukturierter Leitfaden für erfolgreiche Gespräche 53

    Einleitung: Warum ein klarer Verkaufsleitfaden entscheidend ist 53

    Die Phasen des Verkaufsprozesses 54

        1. Beziehungsaufbau (Kontaktphase) 55

        2. Bedarfsanalyse (Fragephase) 56

        3. Rückblick und Zielsetzung 57

        4. Lösungspräsentation 58

5. Umgang mit Einwänden 59

6. Abschlussphase 60

7. Einholen von Empfehlungen 61

8. Nachbereitung und Kundenbindung 62

Zusammenfassung: Die Stärke eines strukturierten Verkaufsprozesses 63

Kapitel 9: Professioneller Umgang mit Einwänden – Der Schlüssel zum Verkaufserfolg (erweiterte Version) 63

Einleitung: Warum Einwände normal und wertvoll sind 64

Einwand vs. Vorwand: Der entscheidende Unterschied 64

Erweiterte Techniken für den Umgang mit Einwänden 65

2. Den Einwand anerkennen 67

3. Nachfragen stellen 67

4. Reframing (Umdeutung) 68

5. Bumerang-Technik 69

Den wahren Grund hinter Einwänden aufdecken 69

Kapitel 10: Praktische Anwendung und Reflexion – Herausforderungen meistern und authentische Kundenbeziehungen aufbauen – die Zusammenfassung 71

Einleitung: Der Verkäufer als Berater und Wegbegleiter 71

Herausforderungen im Alltag meistern 71

Der Weg zu authentischen Kundenbeziehungen 73

Praktische Reflexion und kontinuierliche Verbesserung 74

Zusammenfassung: Praktische Anwendung des logosystemischen Ansatzes 75

Abschluss 76

Impressum:

Verfasser: Manuel Rieger, MA, MBA, BA
Risk-Vision GmbH – www.risk-vision.at
Winter 2024
Druck: Amazon KDP, München, Deutschland
Alle Rechte vorbehalten

Vorwort

Verkaufen ist weit mehr als nur ein Austausch von Produkten oder Dienstleistungen – es ist eine Kunst, die auf Vertrauen, Verständnis und gegenseitigem Respekt basiert.

In meiner langjährigen Arbeit als Trainer in der Versicherungsbranche und als selbstständiger Risiko- und Versicherungsmanager habe ich erkannt, wie entscheidend es ist, die Bedürfnisse, Werte und Wünsche der Kunden wirklich zu verstehen. Auf dieser Grundlage habe ich den logosystemischen Ansatz in der Kommunikation entwickelt, der sich mittlerweile als wertvolle Methode in verschiedenen Bereichen bewährt hat. Dieses Buch widmet sich der Aufgabe, diesen Ansatz für den Verkauf zugänglich und nutzbar zu machen.

Der logosystemische Ansatz verbindet systemische Lehren mit der Logotherapie nach Viktor Frankl, um ein ganzheitliches, werte- und sinnorientiertes Verständnis für die Bedürfnisse des Kunden zu schaffen. Diese Verbindung eröffnet Verkäufern die Möglichkeit, nicht nur Produkte anzubieten, sondern sinnstiftende Lösungen zu präsentieren, die Kunden auf einer tieferen Ebene ansprechen.

In diesem Buch habe ich den Fokus bewusst auf die Praxis gelegt. Die Beispiele stammen häufig aus der Versicherungsbranche, da sie meinen beruflichen Hintergrund widerspiegeln. Doch die Prinzipien und Methoden, die ich hier darlege, sind universell und können auf alle Verkaufssituationen übertragen werden. Ob Sie als Versicherungsberater, Einzelhändler oder Dienstleister tätig sind – dieses Buch wird Ihnen wertvolle Werkzeuge an die Hand geben, um Ihre Verkaufsgespräche authentischer, empathischer und erfolgreicher zu gestalten.

Es ist kompakt geschrieben, denn mein Ziel war es, die Essenz des logosystemischen Ansatzes so klar und verständlich wie möglich darzustellen. Sie werden keine überflüssigen theoretischen Ausführungen finden, sondern direkt umsetzbare Techniken und Methoden, die Sie im Alltag unterstützen. Dieses Buch soll Ihnen ein Begleiter sein, der Ihnen zeigt, wie Sie nicht nur Produkte verkaufen, sondern echte Werte schaffen und langfristige Kundenbeziehungen aufbauen.

Ich lade Sie ein, die Prinzipien des logosystemischen Verkaufs zu entdecken und zu erleben, wie Sie Ihre Kunden mit Empathie, Wertschätzung und Authentizität überzeugen können. Lassen Sie uns gemeinsam den Menschen wieder in den Mittelpunkt des Verkaufs stellen – zum Wohle Ihrer Kunden und Ihres eigenen Erfolges.

Viel Freude beim Lesen und Anwenden!

Herzlichst,

Manuel Rieger

Kapitel 1: Einleitung: Der Mensch im Mittelpunkt – Grundlagen der Systemik und Logotherapie im Verkauf

Verkaufen: Mehr als nur eine Transaktion

Der Verkaufsprozess ist eine der intensivsten Formen zwischenmenschlicher Interaktion. Er ist geprägt von Dialog, Vertrauen und dem Austausch von Bedürfnissen, Werten und Emotionen. Erfolgreich verkaufen bedeutet, mehr als nur Produkte oder Dienstleistungen anzubieten – es bedeutet, Menschen zu verstehen, ihre Wünsche und Sorgen zu erkennen und gemeinsam mit ihnen Lösungen zu finden, die nicht nur funktional, sondern auch sinnstiftend sind.
Im Zentrum dieser Begegnung steht der Kunde. Doch auch der Verkäufer bringt seine eigene Persönlichkeit, seine Werte und seine Haltung mit in den Prozess. Diese Symbiose von Kunde und Verkäufer ist das Fundament eines jeden erfolgreichen Verkaufs. Der logosystemische Verkaufsansatz baut genau darauf auf: eine werteorientierte, sinnstiftende und empathische Begegnung, die den Menschen in seiner Ganzheit betrachtet. Um dies zu ermöglichen, vereint der logosystemische Ansatz zwei mächtige Konzepte der Psychologie und Kommunikation: die systemische Lehre und die Logotherapie. Diese beiden Ansätze ergänzen sich perfekt, um den Verkaufsprozess nicht nur effizienter, sondern auch menschlicher und nachhaltiger zu gestalten.

Die systemische Lehre: Der Mensch im Netzwerk seiner Beziehungen

Das Konzept der Systemik
Die systemische Lehre basiert auf der Annahme, dass jeder Mensch eingebettet ist in ein komplexes Netzwerk aus Beziehungen, sozialen Kontexten und kulturellen Einflüssen. Kein Mensch ist isoliert – unsere Entscheidungen, Gedanken und Handlungen sind stets beeinflusst von den Systemen, in denen wir uns bewegen. Ebenso beeinflussen unsere Handlungen wiederum diese Systeme.
Dies bedeutet: Wer einen Menschen verstehen will, muss auch sein Umfeld, seine Interaktionen und seine Perspektive betrachten.

Die Ursprünge der Systemik liegen in der Systemtheorie, die von Ludwig von Bertalanffy entwickelt wurde, und später durch Denker wie Gregory Bateson und Niklas Luhmann erweitert wurde. Ihre Anwendung reicht von der Familientherapie bis hin zur Organisationsentwicklung – und eben auch in den Verkauf.

Die Grundprinzipien der Systemik

1. **Systeme sind dynamisch:**
   Systeme, wie Familien, Unternehmen oder Teams, befinden sich in ständiger Bewegung. Jede Entscheidung oder Veränderung in einem Teil des Systems hat Auswirkungen auf andere Teile.
   - Beispiel im Verkauf: Die Einführung eines neuen Produkts in einem Unternehmen kann die Arbeitsabläufe, das Budget und die Zufriedenheit der Mitarbeiter beeinflussen.

2. **Verhalten ist kontextabhängig:**
   Menschen verhalten sich unterschiedlich, je nach Situation und den Einflüssen ihres Umfelds. Ein Kunde, der misstrauisch wirkt, tut dies vielleicht nicht wegen des Verkäufers, sondern aufgrund von negativen Erfahrungen aus der Vergangenheit.

- Beispiel im Verkauf: Ein Kunde lehnt ein Angebot ab, weil er kürzlich schlechte Erfahrungen mit einem ähnlichen Produkt gemacht hat.

3. **Perspektivenwechsel führt zu Lösungen:**
Es gibt selten nur eine „richtige" Sichtweise. Ein systemischer Ansatz fördert den Perspektivenwechsel, um neue Einsichten und Möglichkeiten zu schaffen.
    - Beispiel im Verkauf: Ein Verkäufer fragt den Kunden: „Wie würde Ihre Familie von dieser Entscheidung profitieren?"

4. **Beziehungen sind entscheidend:**
In der Systemik liegt der Fokus auf der Qualität der Beziehungen. Kommunikation, Vertrauen und gegenseitige Wertschätzung sind die Basis für erfolgreiche Interaktionen.
    - Beispiel im Verkauf: Ein Verkäufer, der aktiv zuhört und sich in den Kunden hineinversetzt, baut eine tiefere Beziehung auf als jemand, der nur die Produktmerkmale aufzählt.

Der systemische Ansatz im Verkauf

Ein systemischer Verkäufer betrachtet den Kunden nie isoliert. Er versucht, dessen gesamte Situation zu verstehen, um ihm eine wirklich passende Lösung anzubieten. Dabei stellt er Fragen wie:

- „Welche Ziele verfolgen Sie mit dieser Investition?"
- „Wie könnte diese Entscheidung Ihre berufliche oder private Situation beeinflussen?"
- „Wer außer Ihnen ist an dieser Entscheidung beteiligt?"

Durch diese Perspektive zeigt der Verkäufer, dass er den Kunden nicht nur als potenziellen Käufer sieht, sondern als Menschen, der Teil eines größeren Systems ist.

Die Logotherapie: Sinn und Werte im Mittelpunkt

Das Konzept der Logotherapie

Die Logotherapie, entwickelt von Viktor E. Frankl, ist eine wert- und sinnorientierte Therapieform, die auf einem einfachen, aber kraftvollen Grundsatz basiert: Der Mensch ist ein Wesen, das nach Sinn strebt. Diese Sinnsuche gibt dem Leben Orientierung, Motivation und Bedeutung – selbst in den schwierigsten Lebenslagen.

Frankl, der selbst die Schrecken des Holocaust überlebte, zeigte auf, dass der Mensch trotz widriger Umstände die Freiheit besitzt, seinen Lebenssinn zu entdecken und seine Haltung gegenüber den äußeren Bedingungen zu wählen. Diese Erkenntnis hat nicht nur die Psychotherapie revolutioniert, sondern bietet auch im Verkauf wertvolle Ansätze.

Die Grundprinzipien der Logotherapie

1. **Sinnsuche als zentraler Antrieb:**
   Menschen streben danach, ihrem Handeln und ihren Entscheidungen eine Bedeutung zu geben.
   - Beispiel im Verkauf: Ein Kunde kauft eine Lebensversicherung nicht nur, um Geld zu sparen, sondern um seine Familie abzusichern und Verantwortung zu übernehmen.

2. **Freiheit und Verantwortung:**
   Menschen können ihre Haltung gegenüber äußeren Umständen frei wählen, auch wenn diese Umstände nicht veränderbar sind.
   - Beispiel im Verkauf: Ein Verkäufer hilft einem Kunden, eine langfristige Entscheidung zu treffen, indem er ihm zeigt, wie diese Entscheidung mit seinen Werten übereinstimmt.

3. **Selbsttranszendenz:**
   Menschen finden Erfüllung, indem sie über sich selbst hinauswachsen und sich für andere oder eine Sache engagieren.
   - Beispiel im Verkauf: Ein Kunde entscheidet sich für ein nachhaltiges Produkt, weil er die Umwelt schützen und einen Beitrag für kommende Generationen leisten möchte.

4. **Werteverwirklichung:**
   Sinn entsteht, wenn Menschen ihre Werte leben können. Diese Werte können kreativ (etwas schaffen), erlebnisorientiert (etwas genießen) oder attitudinal (Haltung gegenüber Widrigkeiten) sein.
   - Beispiel im Verkauf: Ein Kunde investiert in ein hochwertiges Produkt, das ihm Freude bereitet und seinen Lebensstil unterstreicht.

Der logotherapeutische Ansatz im Verkauf

Ein logotherapeutisch orientierter Verkäufer fragt nicht nur: „Was will der Kunde kaufen?", sondern auch: „Warum will er es kaufen?" Er versucht, die tieferen Werte und Motivationen hinter der Entscheidung des Kunden zu verstehen.
Fragen, die der Verkäufer stellen könnte:

- „Was ist Ihnen bei dieser Entscheidung am wichtigsten?"
- „Welche langfristigen Ziele möchten Sie mit diesem Produkt erreichen?"
- „Welche Werte spiegeln sich in Ihrer Entscheidung wider?"

Systemik und Logotherapie im Zusammenspiel

Die Verbindung von Systemik und Logotherapie schafft einen einzigartigen Ansatz, der sowohl den sozialen Kontext als auch die individuellen Werte des Kunden berücksichtigt. Während die Systemik hilft, den Kunden als Teil eines größeren Netzwerks zu sehen, beleuchtet die Logotherapie die inneren Beweggründe und die Sinnsuche des Kunden.

Vorteile des Zusammenspiels:
- Ganzheitliches Verständnis: Der Kunde wird in seiner gesamten Lebenswelt betrachtet, nicht nur als isolierter Käufer.
- Langfristige Kundenbindung: Kunden fühlen sich verstanden und wertgeschätzt, was die Basis für langfristige Beziehungen schafft.
- Weniger Einwände: Ein Verkäufer, der die Bedürfnisse und Werte des Kunden erkennt, bietet Lösungen an, die von vornherein besser passen.

Praktische Tools für den Verkaufsalltag:
1. Systemische Fragen:
   - „Wie wird diese Entscheidung Ihr Umfeld beeinflussen?"
   - „Welche Rückmeldungen erwarten Sie von Ihren Mitarbeitern oder Ihrer Familie?"
2. Logotherapeutische Fragen:
   - „Was bedeutet diese Investition für Ihre langfristigen Ziele?"
   - „Welche Werte stehen für Sie im Mittelpunkt dieser Entscheidung?"
3. Perspektivenwechsel:
   - Der Verkäufer versetzt sich in die Rolle des Kunden, um dessen Bedürfnisse und Herausforderungen besser zu verstehen.
4. Reflexion:

- Nach jedem Gespräch reflektiert der Verkäufer: „Wie habe ich den Kontext des Kunden berücksichtigt? Welche Werte habe ich angesprochen?"

Fazit:
Der Mensch als Mittelpunkt des Verkaufs
Systemik und Logotherapie ermöglichen einen Verkaufsansatz, der den Menschen in den Mittelpunkt stellt – als Teil eines Netzwerks und als Individuum, das nach Sinn und Werten strebt. Verkäufer, die diesen Ansatz verinnerlichen, schaffen nicht nur bessere Ergebnisse, sondern auch erfüllendere Beziehungen. Der Verkaufsprozess wird so zu einer echten Begegnung, die weit über den reinen Geschäftsabschluss hinausgeht.

Kapitel 2: Grundlagen des logosystemischen Verkaufs

Der Mensch als Ausgangspunkt für erfolgreichen Verkauf

Der logosystemische Ansatz kombiniert die systemische Lehre und die Logotherapie, um den Verkaufsprozess als tief menschliche, sinnstiftende Interaktion zu gestalten. Kunden kaufen nicht nur Produkte oder Dienstleistungen – sie suchen Lösungen, die ihre Werte berühren, ihre Emotionen ansprechen und ihrem Leben oder ihrer Arbeit einen Mehrwert bieten. Der Erfolg eines Verkäufers hängt davon ab, wie gut es ihm gelingt, diese Werte und Emotionen zu erkennen, sie zu verstehen und sie mit einem sinnvollen Nutzen zu verknüpfen.

Die Verbindung von Systemik und Logotherapie im Verkauf

Die systemische Lehre geht davon aus, dass jeder Kunde in einen größeren Kontext eingebettet ist – sein soziales Umfeld, berufliche Verpflichtungen, persönliche Werte und frühere Erfahrungen prägen seine Entscheidungen.

Die Logotherapie ergänzt diesen Ansatz, indem sie den Fokus auf die Sinnsuche des Kunden legt: Was möchte der Kunde mit seiner Entscheidung erreichen? Welche langfristigen Werte und Ziele verfolgt er?

Wenn diese beiden Ansätze miteinander verbunden werden, entsteht ein Verkaufsprozess, der nicht nur rational, sondern auch emotional und wertebasiert ist. Diese Verbindung bietet einen einzigartigen Vorteil: Der Verkäufer kann den Kunden auf einer tiefen, menschlichen Ebene erreichen und nicht nur ein Produkt verkaufen, sondern einen sinnvollen Beitrag zu dessen Leben oder Arbeit leisten.

Nutzen für den Verkäufer:
- Langfristige Kundenbindung: Kunden, die sich verstanden und wertgeschätzt fühlen, sind loyaler.
- Effektivere Kommunikation: Der Verkäufer versteht den Kontext und die Bedürfnisse des Kunden besser, was Einwände reduziert.
- Persönliche Erfüllung: Verkäufer, die einen positiven Einfluss auf das Leben ihrer Kunden haben, erleben ihre Arbeit als sinnvoller.

Werte und Emotionen erkennen – Der Schlüssel zum Verkaufserfolg

Kunden treffen Entscheidungen nicht aufgrund technischer Merkmale oder reiner Zahlen. Sie kaufen, weil ein Produkt oder eine Dienstleistung ihre Werte anspricht und ihnen einen emotionalen oder praktischen Nutzen bietet.

Diese Werte können je nach Kunde variieren, zum Beispiel:
- Sicherheit: Das Bedürfnis, Risiken zu minimieren und Stabilität zu schaffen.
- Status: Der Wunsch nach Anerkennung und Prestige.
- Innovation: Die Faszination für neue Technologien und Fortschritt.
- Nachhaltigkeit: Der Wunsch, einen Beitrag zur Umwelt zu leisten.
- Effizienz: Das Streben nach Zeit- und Kostenersparnis.

Ein logosystemischer Verkäufer erkennt diese Werte, indem er eine emotionale Verbindung aufbaut und gezielt nach den Prioritäten des Kunden fragt. So wird aus einem Verkaufsgespräch eine echte Begegnung.

Praktische Beispiele: Werte und Emotionen erkennen

1. Offene Fragen verwenden
Offene Fragen sind der Schlüssel, um den Kunden zum Nachdenken und Sprechen zu bringen. Sie ermöglichen es, die Werte und Emotionen hinter einer Entscheidung zu verstehen. Beispiele:
- Versicherungsbereich:
  „Was ist Ihnen bei der Absicherung Ihrer Familie besonders wichtig?"
  „Haben Sie bisher gute Erfahrungen mit Ihrer

Altersvorsorge gemacht? Was hat Ihnen dabei am meisten gefallen?"

2. Beobachten und interpretieren

Neben Worten senden Kunden oft subtile Signale über ihre Körpersprache, ihren Tonfall oder ihre Reaktionen. Diese Hinweise können Aufschluss darüber geben, welche Werte ihnen wichtig sind.

Beispiel:
Ein Kunde, der viel über seine Familie spricht, legt möglicherweise großen Wert auf Sicherheit und Verantwortung. Ein Verkäufer im Versicherungsbereich könnte darauf eingehen:
„Es klingt, als wäre es Ihnen besonders wichtig, dass Ihre Familie immer abgesichert ist. Lassen Sie uns schauen, wie wir genau das erreichen können."

3. Verständnis durch Reflexion zeigen

Reflexion hilft, die Emotionen des Kunden aufzugreifen und zu bestätigen, dass man ihn verstanden hat.

Beispiel:
- Kunde: „Ich habe schon mehrere Versicherungen abgeschlossen, aber ich habe das Gefühl, dass die Beratung oft oberflächlich war."
- Verkäufer: „Es klingt, als wäre es Ihnen wichtig, eine Lösung zu finden, bei der Sie wirklich das Gefühl haben, umfassend abgesichert zu sein. Stimmt das?"

4. Hypothetische Szenarien aufbauen

Hypothetische Fragen können Kunden dazu anregen, sich vorzustellen, wie eine Lösung ihre Werte und Bedürfnisse erfüllt.

Beispiel:
- „Stellen Sie sich vor, Sie wissen, dass Ihre Familie in jeder Lebenslage finanziell abgesichert ist. Was würde das für Sie bedeuten?"

- „Wenn wir eine Altersvorsorge finden, die Ihnen finanzielle Sicherheit und Flexibilität bietet, wie würde das Ihre Zukunftsplanung beeinflussen?"

Die Sinnperspektive erweitern

Sinn ist im Verkauf nicht nur ein philosophisches Konzept, sondern eine praktische Grundlage für Entscheidungen. Kunden kaufen, wenn sie den tieferen Nutzen eines Produkts erkennen – sei es durch Komfort, Effizienz, Sicherheit oder die Erfüllung ihrer Werte.

Wie erkennt man den sinnvollen Nutzen für den Kunden?

1. **Den Zusammenhang verstehen:**
   Jeder Kunde hat eine einzigartige Ausgangssituation. Fragen Sie:
   - „Welche Herausforderungen beschäftigen Sie aktuell?"
   - „Was würde sich ändern, wenn diese Herausforderungen gelöst wären?"

Beispiel im Versicherungsbereich:
Ein Kunde sucht eine Berufsunfähigkeitsversicherung. Der oberflächliche Nutzen könnte der finanzielle Schutz sein. Der tiefere Sinn könnte jedoch die Sicherheit sein, dass seine Familie nicht belastet wird, falls ihm etwas zustößt.

2. **Den Nutzen in Werte übersetzen:**
   Sobald Sie die Werte des Kunden kennen, übersetzen Sie den Nutzen Ihres Produkts in diese Werte.
   - „Mit dieser Versicherung sorgen Sie nicht nur vor – Sie schaffen Stabilität für Ihre Familie und gewinnen die Sicherheit, die Sie brauchen, um Ihre beruflichen Ziele zu verfolgen."

3. **Emotionen durch den Nutzen ansprechen:**
   Nutzen wird nicht nur rational bewertet, sondern auch emotional.
   - „Mit dieser Versicherung wissen Sie, dass Sie für alle Eventualitäten vorbereitet sind. Das gibt Ihnen nicht nur finanzielle Sicherheit, sondern auch ein beruhigendes Gefühl."

Beispiel 1: Der Familienvater

Ein Kunde sucht eine Lebensversicherung, ist aber unsicher, welche Deckungssumme angemessen ist.
- Wert: Sicherheit und Verantwortung.
- Sinnperspektive:
  „Mit dieser Lebensversicherung sorgen Sie dafür, dass Ihre Familie auch in schwierigen Zeiten abgesichert ist. Sie schaffen die finanzielle Grundlage, damit Ihre Kinder weiterhin ihre Ziele verfolgen können – egal, was passiert."

Beispiel 2: Die selbstständige Unternehmerin

Eine Kundin möchte eine Berufsunfähigkeitsversicherung abschließen, hat aber Bedenken wegen der Kosten.
- Wert: Selbstbestimmung und Sicherheit.
- Sinnperspektive:
  „Als Selbstständige haben Sie alles aufgebaut, worauf Sie stolz sein können. Diese Versicherung gibt Ihnen die Sicherheit, dass Ihre finanzielle Unabhängigkeit selbst bei gesundheitlichen Rückschlägen erhalten bleibt."

Beispiel 3: Der junge Berufseinsteiger

Ein Kunde denkt über eine Altersvorsorge nach, zögert jedoch wegen der langfristigen Bindung.
- Wert: Freiheit und Zukunftsorientierung.

- Sinnperspektive:
  „Mit dieser Altersvorsorge legen Sie den Grundstein für Ihre Zukunft. Sie schaffen sich Freiräume, damit Sie später das Leben genießen können, das Sie sich vorstellen."

Der logosystemische Verkäufer als Sinnvermittler

Ein logosystemischer Verkäufer ist kein bloßer Vermittler von Produkten. Er wird zu einem Sinnvermittler, der den Kunden durch Fragen, Zuhören und Verständnis unterstützt, eine sinnvolle Entscheidung zu treffen.
Ein Sinnvermittler:
1. Erkennt die Werte des Kunden: Welche Ziele, Wünsche und Überzeugungen treiben den Kunden an?
2. Hinterfragt und vertieft: Welche Emotionen stehen hinter diesen Zielen? Welche Ängste könnten den Kunden zurückhalten?
3. Verbindet Nutzen mit Sinn: Wie hilft das Produkt dem Kunden, seine Werte zu leben und seine Ziele zu erreichen?

Fazit: Werte und Sinn als Grundlage eines erfolgreichen Verkaufs

Der logosystemische Verkaufsansatz schafft eine Verbindung zwischen den Werten des Kunden und dem Nutzen des Produkts. Verkäufer, die diesen Ansatz verinnerlichen, bauen nicht nur Vertrauen auf, sondern schaffen echte Mehrwerte – für sich und ihre Kunden. So wird aus jedem Verkaufsgespräch eine Begegnung, die auf Sinn, Vertrauen und langfristiger Beziehung basiert.

Kapitel 3: Wertschätzung, Empathie und Authentizität als Basis

Der Mensch im Mittelpunkt

Wertschätzung, Empathie und Authentizität sind nicht nur essenzielle menschliche Werte – sie sind auch die Grundpfeiler eines erfolgreichen Verkaufs.
Diese Eigenschaften bilden die Grundlage für Vertrauen und emotionale Bindung, die weit über einen einfachen Verkaufsabschluss hinausgehen. Insbesondere im Versicherungs- und Finanzbereich, wo Kunden oft langfristige und existenzielle Entscheidungen treffen, sind diese Qualitäten unverzichtbar.
Ein Verkäufer, der Wertschätzung zeigt, empathisch zuhört und authentisch handelt, schafft nicht nur eine positive Gesprächsatmosphäre, sondern hilft dem Kunden, die für ihn beste Entscheidung zu treffen. Die Konzepte von Carl Rogers, einem der einflussreichsten Psychologen des 20. Jahrhunderts, verdeutlichen, warum diese Werte nicht nur im Coaching, sondern auch im Verkauf den Unterschied zwischen einer Transaktion und einer echten Beziehung ausmachen.

Werte als Kern der menschlichen Motivation

Was sind Werte, und warum sind sie so wichtig?

Werte sind die Grundüberzeugungen, die unser Handeln und Denken leiten. Sie geben unserem Leben Orientierung und bestimmen, welche Entscheidungen wir treffen und welche Ziele wir verfolgen. Sie sind wie ein innerer Kompass, der uns zeigt, was wir für richtig und wichtig halten.

Werte können universell sein – etwa Sicherheit, Freiheit, Gerechtigkeit oder Respekt – doch ihre Bedeutung ist individuell. Zwei Menschen können den gleichen Wert teilen, ihn jedoch unterschiedlich interpretieren. Für den einen bedeutet „Sicherheit" finanzielle Stabilität, für den anderen der Schutz der Familie. Dieses Spannungsfeld macht Werte so faszinierend und gleichzeitig so komplex.

Die Verbindung von Werten und Bedürfnissen

Hinter jedem Wert steht ein Bedürfnis. Werte sind die Ausdrucksform unserer innersten Wünsche, Ängste und Hoffnungen. Zum Beispiel:

- Sicherheit: Das Bedürfnis nach Schutz, Stabilität und Vorhersehbarkeit.
- Freiheit: Das Bedürfnis nach Selbstbestimmung und Unabhängigkeit.
- Erfolg: Das Bedürfnis nach Anerkennung und persönlicher Erfüllung.

Verkäufer, die diese Zusammenhänge verstehen, können besser auf ihre Kunden eingehen. Sie erkennen, dass es nicht nur darum geht, ein Produkt zu verkaufen, sondern ein Bedürfnis zu erfüllen, das hinter dem Wert des Kunden liegt.

Werte im Kontext des Verkaufs

Im Verkauf spielen Werte eine zentrale Rolle. Kunden treffen ihre Entscheidungen nicht nur auf Grundlage von Produktmerkmalen oder Preisen, sondern weil ein Angebot ihre Werte anspricht. Verkäufer, die diese Werte verstehen und respektieren, bauen eine tiefere Verbindung zu ihren Kunden auf.

Beispiele für typische Werte im Versicherungs- und Finanzbereich:

1. Sicherheit: Der Wunsch, sich und seine Familie gegen Risiken abzusichern.
2. Unabhängigkeit: Der Traum von finanzieller Freiheit, etwa durch eine Altersvorsorge.
3. Nachhaltigkeit: Das Ziel, Entscheidungen zu treffen, die positiv für die Umwelt oder die Gesellschaft sind.

4. Erfolg: Das Streben nach Wachstum, Status und Anerkennung.
5. Verantwortung: Das Bedürfnis, für andere – etwa die Familie oder Mitarbeiter – einzustehen.

Die Herausforderung: Werte sind individuell

Werte sind zwar universell, doch ihre Interpretation ist individuell. Zwei Menschen können den gleichen Wert haben, ihn jedoch völlig unterschiedlich wahrnehmen. Dies liegt daran, dass Werte in einem persönlichen, sozialen und kulturellen Kontext eingebettet sind.

Beispiele:
- **Sicherheit:**
  Für einen jungen Berufseinsteiger könnte Sicherheit bedeuten, finanziell für den Fall von Krankheit oder Unfall abgesichert zu sein. Für einen Familienvater hingegen könnte Sicherheit heißen, seinen Kindern eine sorgenfreie Zukunft zu ermöglichen.
- **Erfolg**:
  Für einen Unternehmer kann Erfolg bedeuten, ein wachsendes Geschäft zu führen. Für einen anderen Kunden könnte Erfolg darin bestehen, genug Zeit für Familie und Hobbys zu haben.

Nutzen für den Verkäufer:
Ein Verkäufer, der erkennt, dass hinter jedem Wert individuelle Bedürfnisse und Lebenskontexte stehen, kann seine Argumentation genau auf den Kunden zuschneiden. Er weiß, dass es nicht reicht, nur die oberflächliche Bedeutung eines Wertes zu adressieren – er muss verstehen, was dieser Wert für den Kunden bedeutet.

Emotionen und Bedürfnisse als Begleiter der Werte

Werte sind eng mit Emotionen verknüpft. Sie lösen Gefühle wie Stolz, Freude oder Erleichterung aus, wenn sie erfüllt werden. Gleichzeitig erzeugen sie negative Emotionen wie Angst, Unsicherheit oder Zweifel, wenn sie bedroht werden. Ein erfolgreicher Verkäufer erkennt diese Emotionen und spricht sie gezielt an.

Positive Emotionen fördern:
- Vertrauen: Ein Verkäufer, der die Werte des Kunden anspricht, schafft eine Atmosphäre von Vertrauen.
- Freude: Ein Kunde, der sich verstanden fühlt, erlebt positive Emotionen, die ihn in seiner Entscheidung bestärken.
- Erleichterung: Ein Produkt, das eine Sorge des Kunden löst, erzeugt ein Gefühl von Befreiung.

Negative Emotionen abbauen:
- Unsicherheit: Viele Kunden sind unsicher, ob ein Produkt ihre Bedürfnisse wirklich erfüllt. Ein Verkäufer, der aktiv zuhört und gezielt nachfragt, kann diese Unsicherheit reduzieren.
- Angst: Im Versicherungsbereich sind Ängste – etwa vor Krankheit, Berufsunfähigkeit oder finanziellen Engpässen – häufige Entscheidungsfaktoren. Verkäufer, die diese Ängste respektieren, können dem Kunden Lösungen bieten, die ihm Sicherheit geben.

Carl Rogers: Wertschätzung, Empathie und Authentizität als Erfolgsprinzipien

Der Psychologe Carl Rogers hat in seiner Arbeit drei Prinzipien definiert, die für erfolgreiche Beziehungen essenziell sind: bedingungslose Wertschätzung, Empathie und Authentizität. Diese Prinzipien sind nicht nur in der Therapie, sondern auch im Verkauf anwendbar, um eine vertrauensvolle und offene Atmosphäre zu schaffen.

1. Bedingungslose Wertschätzung
- Jeder Mensch verdient es, mit Respekt behandelt zu werden – unabhängig von seinen Entscheidungen.
- Im Verkauf bedeutet dies, den Kunden nicht zu drängen oder zu bewerten, sondern ihm die Freiheit zu lassen, seine eigenen Entscheidungen zu treffen.

2. Empathie
- Die Fähigkeit, sich in die Gefühlswelt des Kunden hineinzuversetzen, ist essenziell, um seine Bedürfnisse und Ängste zu verstehen.
- Empathie schafft eine emotionale Verbindung, die das Vertrauen stärkt.

3. Authentizität
- Kunden schätzen Ehrlichkeit und Offenheit. Verkäufer, die authentisch sind, wirken glaubwürdig und bauen eine echte Beziehung auf.

Beispiel aus der Praxis:
Ein Kunde überlegt, eine Berufsunfähigkeitsversicherung abzuschließen, hat aber Angst vor den Kosten. Ein Verkäufer könnte empathisch sagen:
„Es ist absolut verständlich, dass Sie diese Investition sorgfältig abwägen. Lassen Sie uns gemeinsam überlegen, wie wir eine Lösung finden, die Ihnen finanzielle Sicherheit gibt, ohne Sie heute zu belasten."

Praktische Beispiele: Werte, Emotionen und Bedürfnisse ansprechen

1. Sicherheitsbedürfnis bei einer Lebensversicherung
- Wert: Sicherheit und Fürsorge.
- Emotion: Verantwortung für die Familie.
- Ansprache:
  „Mit dieser Lebensversicherung geben Sie Ihrer Familie nicht nur finanzielle Sicherheit, sondern auch die Gewissheit, dass sie in jeder Situation gut abgesichert ist. Wie wichtig ist es Ihnen, diese Verantwortung zu übernehmen?"

2. Nachhaltigkeit bei einer Geldanlage
- Wert: Nachhaltigkeit und Verantwortung.
- Emotion: Stolz und Beitrag zur Umwelt.
- Ansprache:
  „Indem Sie in diesen Fonds investieren, unterstützen Sie Projekte, die direkt zur Erhaltung unserer Umwelt beitragen. Gleichzeitig sichern Sie Ihre finanzielle Zukunft. Wie fühlt sich der Gedanke an, beides miteinander zu verbinden?"

3. Unabhängigkeit bei einer Altersvorsorge
- Wert: Unabhängigkeit und Freiheit.
- Emotion: Sicherheit und Zuversicht.
- Ansprache:
  „Mit dieser Altersvorsorge schaffen Sie sich die Freiheit, Ihre Zukunft genau so zu gestalten, wie Sie es möchten. Wie wichtig ist es Ihnen, auch im Ruhestand finanziell unabhängig zu sein?"

Fazit: Werte als Brücke zum Kunden

Wertschätzung, Empathie und Authentizität sind die Bausteine eines Verkaufsprozesses, der nicht nur auf Abschlussquoten, sondern auf echten Beziehungen basiert. Verkäufer, die die Werte, Bedürfnisse und Emotionen ihrer Kunden verstehen, schaffen nicht nur zufriedene Kunden, sondern auch langfristige Partnerschaften.

Im nächsten Kapitel widmen wir uns den Fragetechniken, die dabei helfen, die Werte und Emotionen des Kunden noch besser zu verstehen und gezielt anzusprechen.

Kapitel 4: Fragetechniken – Der Schlüssel zu einem erfolgreichen Verkaufsgespräch

Einleitung: Die Macht der Fragen im Verkauf

Fragen sind das wichtigste Werkzeug eines erfolgreichen Verkäufers. Sie dienen nicht nur dazu, Informationen zu sammeln, sondern sind auch ein Mittel, um Vertrauen aufzubauen, Emotionen zu erkennen und den Kunden bei seiner Entscheidungsfindung zu begleiten. Fragen können Türen öffnen, Brücken bauen und den Kunden dazu ermutigen, sich mit seinen eigenen Bedürfnissen, Werten und Zielen auseinanderzusetzen.

Während viele Verkäufer dazu neigen, mit Argumenten und Fakten zu überzeugen, liegt die wahre Kunst des Verkaufs in der Fähigkeit, den Kunden durch geschicktes Fragen selbst erkennen zu lassen, warum ein Produkt oder eine Dienstleistung für ihn sinnvoll ist. So fühlt sich der Kunde nicht manipuliert, sondern als aktiver Gestalter des Prozesses.

Die österreichische Logotherapeutin Elisabeth Lukas, Schülerin von Viktor Frankl, betont in ihrem Werk „Lehrbuch der Logotherapie" die Bedeutung einer wertschätzenden, aufbauenden und zielorientierten Kommunikation. Ihre Prinzipien – Aufwerten, zur Klarheit beitragen, Lösungen erarbeiten und dem Sinn nachfühlen – sind nicht nur in therapeutischen Kontexten relevant, sondern bieten auch wertvolle Impulse für den Verkaufsprozess:

1. **Aufwerten:** Dem Kunden das Gefühl geben, dass seine Bedürfnisse, Wünsche und Werte wichtig und berechtigt sind. Dies schafft nicht nur Vertrauen, sondern auch eine positive Gesprächsatmosphäre.
    - Beispiel im Verkauf: „Es ist beeindruckend, dass Sie so viel Wert auf die Absicherung Ihrer Familie legen. Das zeigt, wie verantwortungsbewusst Sie handeln."

2. **Zur Klarheit beitragen:** Kunden sind sich oft unsicher, was genau sie brauchen oder wie sie ihre Prioritäten setzen sollen. Durch gezielte Fragen können Verkäufer helfen, Klarheit zu schaffen.
    - Beispiel im Verkauf: „Lassen Sie uns gemeinsam schauen, was für Sie aktuell am wichtigsten ist – die Absicherung gegen Berufsunfähigkeit oder die langfristige Altersvorsorge."

3. **Lösungen erarbeiten:** Anstatt dem Kunden eine fertige Lösung zu präsentieren, arbeitet der Verkäufer gemeinsam mit ihm an einer passgenauen Lösung, die sich richtig anfühlt.
    - Beispiel im Verkauf: „Welche Kombination aus Sicherheit und Flexibilität würde sich für Sie am besten anfühlen?"

4. **Dem Sinn nachfühlen:** Verkäufer, die den Sinn hinter einer Entscheidung hervorheben, helfen dem Kunden, die langfristigen Vorteile einer Lösung zu erkennen.
    - Beispiel im Verkauf: „Mit dieser Entscheidung schaffen Sie nicht nur finanzielle Sicherheit, sondern auch ein beruhigendes Gefühl für sich und Ihre Familie."

Diese Prinzipien zeigen, dass Fragen im Verkauf weit mehr sind als bloße Mittel zum Zweck. Sie schaffen eine Atmosphäre von Wertschätzung und Zusammenarbeit, die Vertrauen aufbaut und dem Kunden hilft, eine Entscheidung zu treffen, die sich für ihn sinnvoll und richtig anfühlt.

Warum Fragen im Verkauf unverzichtbar sind

Fragen sind das Herzstück jedes gelungenen Verkaufsgesprächs. Sie helfen nicht nur, den Bedarf des Kunden zu ermitteln, sondern ermöglichen es auch, auf einer emotionalen und wertorientierten Ebene zu kommunizieren. Die Vorteile von Fragetechniken im Verkauf lassen sich wie folgt zusammenfassen:

1. **Kundenorientierung demonstrieren:**
   Fragen zeigen dem Kunden, dass Sie wirklich an seinen Bedürfnissen interessiert sind, anstatt nur Ihr Produkt zu präsentieren.
2. **Bedarfsanalyse erleichtern:**
   Viele Kunden wissen selbst nicht genau, was sie benötigen. Fragen helfen, Unklarheiten zu beseitigen und den Fokus auf das Wesentliche zu lenken.
3. **Emotionen ansprechen:**
   Fragen ermöglichen es, die oft unausgesprochenen Ängste, Wünsche und Werte des Kunden zu erkennen und anzusprechen.

4. **Einwände entschärfen:**
   Durch gezielte Fragen lassen sich potenzielle Einwände frühzeitig identifizieren und entkräften.
5. **Den individuellen Nutzen herausarbeiten:**
   Fragen helfen, den spezifischen Nutzen des Produkts für den Kunden sichtbar zu machen und ihn in den Vordergrund zu stellen.

Die wichtigsten Fragetechniken im Verkauf

1. Offene Fragen

Offene Fragen ermuntern den Kunden, ausführlich zu antworten, und geben ihm die Möglichkeit, seine Gedanken, Gefühle und Werte mitzuteilen. Sie eignen sich besonders gut für den Gesprächsbeginn und um mehr über die Wünsche und Prioritäten des Kunden zu erfahren.
Beispiele:
- „Was ist Ihnen bei der Absicherung Ihrer Familie besonders wichtig?"
- „Welche Ziele verfolgen Sie mit Ihrer Altersvorsorge?"
- „Wie fühlen Sie sich mit Ihrer aktuellen finanziellen Situation?"
- „Welche Aspekte Ihrer Altersvorsorge sind Ihnen bisher am meisten aufgefallen?"
- „Welche Erfahrungen haben Sie mit bisherigen Versicherungslösungen gemacht?"

Warum sie wichtig sind:
Offene Fragen schaffen Raum für ein Gespräch auf Augenhöhe und liefern wertvolle Einblicke in die Motivationen des Kunden.

2. Geschlossene Fragen

Geschlossene Fragen erfordern kurze, präzise Antworten wie „Ja" oder „Nein". Sie eignen sich, um konkrete Informationen abzufragen oder Entscheidungen einzuleiten.
Beispiele:
- „Haben Sie bereits eine Unfallversicherung?"
- „Ist es Ihnen wichtig, flexibel auf Veränderungen reagieren zu können?"
- „Wäre eine fondsgebundene Versicherung für Sie interessant?"
- „Können Sie sich vorstellen, monatlich einen festen Betrag für Ihre Altersvorsorge zu investieren?"
- „Ist die Absicherung gegen Berufsunfähigkeit für Sie eine Priorität?"

Warum sie wichtig sind:
Geschlossene Fragen helfen, das Gespräch zu strukturieren und Fakten zu klären.

3. Alternativfragen
Alternativfragen geben dem Kunden die Möglichkeit, zwischen verschiedenen Optionen zu wählen, ohne sich überfordert zu fühlen.
Beispiele:
- „Möchten Sie eine Versicherung mit festen Beiträgen oder bevorzugen Sie eine flexible Lösung?"
- „Soll der Fokus auf einer privaten Krankenversicherung oder auf der Altersvorsorge liegen?"
- „Wäre eine Laufzeit von 20 Jahren ideal, oder möchten Sie eine kürzere Dauer?"
- „Möchten Sie eine Lösung, die sofortige Absicherung bietet, oder lieber eine, die langfristige Rendite bringt?"
- „Finden Sie es wichtiger, dass Ihre Versicherung flexibel bleibt, oder möchten Sie eine Lösung mit garantierten Leistungen?"

Warum sie wichtig sind:
Alternativfragen lenken das Gespräch auf konkrete Entscheidungen und erleichtern dem Kunden die Auswahl.

4. Hypothetische Fragen

Hypothetische Fragen regen den Kunden dazu an, sich eine zukünftige Situation vorzustellen, und helfen, emotionale Bilder zu erzeugen.

Beispiele:
- „Wie würde es sich anfühlen, zu wissen, dass Ihre Familie in jeder Lebenslage abgesichert ist?"
- „Stellen Sie sich vor, Sie könnten Ihren Ruhestand genießen, ohne sich Gedanken um Ihre finanzielle Sicherheit zu machen."
- „Was wäre, wenn Sie wüssten, dass Sie Ihre Kinder langfristig finanziell unterstützen können?"
- „Wie würde es sich anfühlen, wenn Ihre Investitionen gleichzeitig Rendite und Nachhaltigkeit fördern?"
- „Welche Veränderungen würden Sie bemerken, wenn Sie sich keine Sorgen mehr um unvorhergesehene Risiken machen müssten?"

Warum sie wichtig sind:
Hypothetische Fragen schaffen eine emotionale Verbindung und helfen dem Kunden, den Nutzen einer Entscheidung zu visualisieren.

5. Reflektierende Fragen

Reflektierende Fragen spiegeln das Gesagte des Kunden zurück und zeigen, dass der Verkäufer aktiv zuhört und den Kunden versteht.

Beispiele:
- Kunde: „Ich mache mir Sorgen, dass die Beiträge zu hoch sind."
  Verkäufer: „Es klingt, als wäre es Ihnen wichtig, dass die Kosten im Rahmen bleiben. Wollen wir gemeinsam nach einer Lösung suchen?"
- Kunde: „Ich möchte sicherstellen, dass meine Familie abgesichert ist."
  Verkäufer: „Es klingt, als sei Ihnen die Sicherheit Ihrer

Familie besonders wichtig. Was können wir tun, um das optimal zu erreichen?"
- Kunde: „Ich weiß nicht, ob ich das jetzt abschließen sollte."
Verkäufer: „Es scheint, als wären Sie sich unsicher über den richtigen Zeitpunkt. Möchten Sie darüber sprechen, was Ihnen Klarheit bringen könnte?"
- Kunde: „Ich habe schlechte Erfahrungen mit Versicherungen gemacht."
Verkäufer: „Das klingt, als hätten Sie berechtigte Zweifel. Was könnte Ihnen helfen, Vertrauen zurückzugewinnen?"

Warum sie wichtig sind:
Reflektierende Fragen bauen Vertrauen auf und vertiefen das Gespräch.

Zusammenfassung: Systemische und logotherapeutische Fragen

Systemische Fragen
- „Welche Einflüsse spielen bei Ihrer Entscheidung eine Rolle?"
- „Wie wird diese Entscheidung Ihre Familie oder Ihr Team betreffen?"
- „Was würde sich ändern, wenn Sie diese Lösung wählen?"

Logotherapeutische Fragen
- „Welche Werte sind Ihnen bei dieser Entscheidung besonders wichtig?"
- „Wie würde sich Ihr Leben durch diese Lösung langfristig verändern?"
- „Was gibt Ihnen das Gefühl, eine sinnvolle Entscheidung zu treffen?"

Fazit: Fragen als Fundament des Verkaufs
Fragetechniken sind weit mehr als ein Werkzeug, um Informationen zu sammeln. Sie sind das Fundament eines erfolgreichen Verkaufsgesprächs, das den Kunden in den Mittelpunkt stellt. Mit den richtigen Fragen schaffen Sie Klarheit, bauen Vertrauen auf und helfen dem Kunden, eine Entscheidung zu treffen, die sich für ihn sinnvoll und richtig anfühlt.
Im nächsten Kapitel widmen wir uns der ABZ-Methode, mit der Sie Argumente strukturieren, den Nutzen klar kommunizieren und den Kunden aktiv durch den Entscheidungsprozess führen können.

Kapitel 5: Die ABZ-Methode – Argumentieren mit Struktur und Kundenorientierung

Einleitung: Die ABZ-Methode als Schlüssel zu überzeugenden Argumenten

Ein erfolgreiches Verkaufsgespräch lebt davon, dass der Kunde nicht nur versteht, was ihm angeboten wird, sondern auch, warum es für ihn wichtig und sinnvoll ist. Der Kunde muss den individuellen Nutzen erkennen, den ein Produkt oder eine Dienstleistung für ihn bietet. Dabei reicht es nicht aus, nur technische Details oder allgemeine Vorteile zu nennen. Kunden möchten Lösungen, die zu ihren Werten, Bedürfnissen und Lebenssituationen passen.

Hier setzt die ABZ-Methode an. Sie bietet eine klare Struktur, die es Verkäufern ermöglicht, Argumente präzise, kundenorientiert und emotional ansprechend zu formulieren. Die Methode bringt den Nutzen eines Produkts in den Vordergrund und bindet den Kunden aktiv ins Gespräch ein – ohne ihn zu manipulieren. Dadurch wird die ABZ-Methode zu einem kraftvollen Werkzeug, das den Verkaufsprozess sowohl effizienter als auch menschlicher gestaltet.

Die Grundlagen: Warum Nutzenorientierung entscheidend ist

Kunden treffen Entscheidungen nicht primär aufgrund von Merkmalen oder technischen Daten, sondern weil sie überzeugt sind, dass ein Produkt einen echten Mehrwert für sie bietet. Dieser Nutzen ist jedoch hochgradig individuell. Während der eine Kunde den finanziellen Vorteil eines Produkts schätzt, legt ein anderer Kunde Wert auf Sicherheit, Nachhaltigkeit oder Flexibilität.

Nutzenorientierung als Erfolgsfaktor im Verkauf:
1. **Emotionale Ansprache:**
   Hinter jeder Kaufentscheidung stehen Emotionen wie Vertrauen, Sicherheit oder Zufriedenheit. Der Verkäufer muss diese Gefühle ansprechen, um eine tiefere Verbindung zum Kunden aufzubauen.
2. **Individuelle Werte:**
   Jeder Kunde hat eigene Prioritäten und Werte, die seine Entscheidungen beeinflussen. Ein Verkäufer, der diese Werte erkennt, kann den Nutzen des Produkts so darstellen, dass es genau zu diesen Prioritäten passt.
3. **Klarheit schaffen:**
   Kunden sind oft von der Vielzahl an Angeboten überfordert. Nutzenorientierte Argumente helfen, den Fokus auf das Wesentliche zu lenken und dem Kunden die Entscheidung zu erleichtern.

Die Rolle der ABZ-Methode:
Die ABZ-Methode hilft Verkäufern, Nutzenorientierung strukturiert und verständlich zu vermitteln. Sie basiert auf drei klaren Schritten: Argument, Bedeutung und Zustimmung. Diese Struktur sorgt dafür, dass der Kunde nicht mit Informationen überfordert wird, sondern den Mehrwert eines Produkts sofort erkennt.

Die ABZ-Methode im Detail

Die ABZ-Methode besteht aus drei aufeinander abgestimmten Schritten, die dem Verkäufer helfen, seine Argumente klar und kundenorientiert zu präsentieren:

1. **Argument (A):** Fakten und Merkmale anführen
   Der erste Schritt der ABZ-Methode ist der Einstieg in die Präsentation. Hier wird ein prägnanter Fakt, eine Funktion oder eine Eigenschaft des Produkts genannt. Wichtig ist, dass dieser Aspekt für den Kunden relevant ist – am besten bezogen auf vorher ermittelte Bedürfnisse oder Werte.

Beispiele:
   - „Unsere Berufsunfähigkeitsversicherung bietet eine garantierte monatliche Rente von bis zu 2.500 Euro."
   - „Dieses Investmentprodukt verbindet hohe Sicherheit mit einer attraktiven Rendite von durchschnittlich 5 % pro Jahr."
   - „Mit dieser Lebensversicherung sichern Sie Ihre Familie im Ernstfall mit einer Auszahlung von 300.000 Euro ab."

Tipp:
Vermeiden Sie technische Details oder Überinformation. Der Kunde braucht klare, verständliche Botschaften, die direkt an seine Bedürfnisse anknüpfen.

2. **Bedeutung (B):** Den Nutzen für den Kunden klarstellen
   Im zweiten Schritt geht es darum, dem Kunden zu zeigen, warum das Argument für ihn persönlich wichtig ist. Dieser Schritt ist zentral, da hier der emotionale und individuelle Nutzen vermittelt wird. Es wird eine Verbindung zwischen den Merkmalen des Produkts und den Werten des Kunden hergestellt.

Beispiele:
   - „Das bedeutet, dass Sie auch im Ernstfall Ihre finanziellen Verpflichtungen erfüllen können und Ihre Familie bestens abgesichert ist."
   - „So können Sie sicher sein, dass Ihr Kapital auch in unsicheren Zeiten stabil bleibt und trotzdem wächst."
   - „Das gibt Ihnen die Gewissheit, dass Ihre Liebsten selbst in schwierigen Situationen gut versorgt sind."

Tipp:
Nutzenorientierung bedeutet, auf die individuellen Werte und Prioritäten des Kunden einzugehen. Dies erfordert, dass Sie in den vorherigen Gesprächsphasen durch gezielte Fragetechniken herausfinden, was dem Kunden wirklich wichtig ist.

3. **Zustimmung (Z):** Den Kunden aktiv einbinden
   Der dritte Schritt besteht darin, die Zustimmung des Kunden einzuholen. Dies geschieht durch eine gezielte Frage, die den Kunden ins Gespräch einbindet und gleichzeitig zeigt, ob er das Argument nachvollziehen kann. Zustimmungssignale zeigen Interesse, während Zögern Hinweise auf mögliche Einwände gibt.

Beispiele:

- "Ist das für Sie eine wichtige Sicherheit?"
- "Wie wichtig ist Ihnen diese Stabilität bei Ihrer Kapitalanlage?"
- "Können Sie sich vorstellen, wie beruhigend es ist, zu wissen, dass Ihre Familie geschützt ist?"

Erweiterte Beispiele für die ABZ-Methode

Beispiel: Unfallversicherung
Argument (A):
„Unsere Unfallversicherung deckt Heilbehandlungskosten bis zu einer Summe von 200.000 Euro ab, unabhängig davon, ob der Unfall zu Hause oder bei Freizeitaktivitäten passiert."
Bedeutung (B):
„Das bedeutet, dass Sie im Ernstfall keine finanziellen Sorgen haben, egal wo und wann der Unfall passiert. Sie können sich voll und ganz auf Ihre Genesung konzentrieren."
Zustimmung (Z):
„Wäre es für Sie beruhigend zu wissen, dass Sie und Ihre Familie im Falle eines Unfalls optimal abgesichert sind?"

Beispiel: Altersvorsorge mit Steuerersparnis

Argument (A):
„Mit dieser Altersvorsorge profitieren Sie von jährlichen Steuerersparnissen von bis zu 2.000 Euro."
Bedeutung (B):
„Das bedeutet, dass Sie nicht nur für Ihre Zukunft vorsorgen, sondern auch heute finanziell entlastet werden."
Zustimmung (Z):
„Wie wichtig ist es Ihnen, neben dem Aufbau Ihrer Altersvorsorge auch von steuerlichen Vorteilen zu profitieren?"

Beispiel: Wohngebäudeversicherung

Argument (A):
„Unsere Wohngebäudeversicherung bietet eine vollständige Absicherung gegen Elementarschäden wie Hochwasser und Sturm."
Bedeutung (B):
„Das gibt Ihnen die Sicherheit, dass Ihr Zuhause – einer der wichtigsten Orte in Ihrem Leben – auch bei extremen Wetterbedingungen geschützt ist."
Zustimmung (Z):
„Ist es Ihnen wichtig, Ihr Eigenheim gegen alle Eventualitäten abzusichern?"

Beispiel: Fondsgebundene Lebensversicherung

Argument (A):
„Mit dieser fondsgebundenen Lebensversicherung kombinieren Sie flexible Sparmöglichkeiten mit einer attraktiven Renditechance."
Bedeutung (B):
„Das bedeutet, dass Sie Ihre finanzielle Zukunft aktiv gestalten können, während Ihr Kapital kontinuierlich wächst."
Zustimmung (Z):
„Wie attraktiv finden Sie die Möglichkeit, Sicherheit und Rendite in einer Lösung zu verbinden?"

Beispiel: Elektronikversicherung

Argument (A):
„Unsere Elektronikversicherung deckt Schäden und Diebstahl Ihrer Geräte weltweit ab."
Bedeutung (B):
„Das gibt Ihnen die Freiheit, Ihre Geräte unbesorgt überall einzusetzen, egal ob privat oder beruflich."
Zustimmung (Z):
„Wäre es ein gutes Gefühl, zu wissen, dass Ihre wertvollen Geräte jederzeit geschützt sind?"

Weitere Ansätze zur Nutzenorientierung

Storytelling: Nutzen durch Geschichten greifbar machen
Menschen erinnern sich an Geschichten besser als an abstrakte Fakten. Storytelling ist eine kraftvolle Technik, um den Nutzen eines Produkts emotional und anschaulich zu vermitteln. Indem Sie Geschichten erzählen, die zeigen, wie andere Kunden von einer ähnlichen Lösung profitiert haben, schaffen Sie eine Verbindung zwischen dem Produkt und den Erfahrungen des Kunden.
Eine gute Geschichte sollte reale Herausforderungen und Emotionen enthalten, die der Kunde nachvollziehen kann. Zum Beispiel: „Ein anderer Kunde in Ihrer Branche hatte ähnliche Herausforderungen und hat sich für diese Lösung entschieden. Innerhalb von drei Monaten konnte er nicht nur seine Prozesse optimieren, sondern auch die Zufriedenheit seines Teams steigern." So wird der Nutzen nicht nur erklärt, sondern lebendig und glaubhaft präsentiert. Eine authentische Geschichte, die konkrete Ergebnisse aufzeigt, schafft Vertrauen und inspiriert den Kunden.

Visualisierungen: Den Nutzen sichtbar machen
Ein Bild sagt mehr als tausend Worte – das gilt auch im Verkauf. Visualisierungen können den Nutzen eines Produkts greifbar machen, insbesondere wenn es um komplexe Zahlen, Prozesse oder abstrakte Vorteile geht. Ein Diagramm, eine Infografik oder eine einfache Skizze kann helfen, den Mehrwert klar und verständlich darzustellen.

Zum Beispiel könnte ein Verkäufer einer Altersvorsorge zeigen, wie sich der Kapitalaufbau über die Jahre entwickelt, indem er ein Diagramm präsentiert: „Hier sehen Sie, wie Ihr Erspartes mit unserer Lösung bis zu Ihrem Ruhestand kontinuierlich wächst." Visualisierungen helfen dem Kunden, die Vorteile intuitiv zu erfassen, und sprechen oft auch die visuelle Lernpräferenz an, die viele Menschen haben. Besonders im Versicherungs- oder Finanzbereich, wo Zahlen oft abschreckend wirken, machen Visualisierungen die Vorteile zugänglicher und weniger abstrakt.

Persönliche Beispiele: Authentizität schafft Vertrauen
Persönliche Beispiele aus der Praxis oder Erfahrungen anderer Kunden können den Nutzen eines Produkts konkret und realitätsnah darstellen. Sie zeigen, dass die angebotene Lösung bereits in ähnlichen Situationen erfolgreich war und geben dem Kunden Orientierung. Diese Beispiele machen Argumente glaubwürdig und schaffen eine emotionale Verbindung.
Eine persönliche Geschichte könnte lauten: „Ein Kunde, den ich vor kurzem beraten habe, hatte ähnliche Bedenken wie Sie bezüglich der Beiträge zur Berufsunfähigkeitsversicherung. Wir haben gemeinsam eine Lösung gefunden, die ihm finanzielle Sicherheit bot und dennoch in sein Budget passte. Heute ist er erleichtert, diesen Schritt gegangen zu sein." Solche Beispiele vermitteln dem Kunden das Gefühl, dass seine Sorgen und Ziele ernst genommen werden und dass es bereits bewährte Wege gibt, die für ihn funktionieren könnten. Authentizität ist dabei entscheidend – die Geschichte sollte immer glaubwürdig und relevant sein.

Zusammenfassung

Die ABZ-Methode ist mehr als nur eine Technik – sie ist eine Denkweise, die den Kunden in den Mittelpunkt stellt. Indem sie Argumente strukturiert, den Nutzen klar kommuniziert und den Kunden aktiv einbindet, schafft sie die Grundlage für ein Verkaufsgespräch, das nicht nur überzeugt, sondern auch Vertrauen aufbaut. Doch ob Sie die ABZ-Methode oder eine andere Technik verwenden: Nutzenorientierung ist der Schlüssel zu einem erfolgreichen Verkaufsabschluss.

Kapitel 6: Die Preispräsentation – Die Sandwich-Technik

Einleitung: Die Herausforderung bei der Preispräsentation

Die Preispräsentation ist oft der kritischste Moment in einem Verkaufsgespräch. Viele Verkäufer empfinden diesen Schritt als eine Hürde, weil sie befürchten, dass der Kunde nur auf den Preis fokussiert ist und die vorherigen Vorteile und Nutzen plötzlich in den Hintergrund treten. Tatsächlich zeigt die Erfahrung, dass genau das häufig passiert: Sobald ein Kunde den Preis hört, beginnt er, ihn zu bewerten – losgelöst von den zuvor besprochenen Mehrwerten. Das Risiko ist groß, dass der Preis als zu hoch erscheint, weil er nicht mehr im Kontext des Nutzens gesehen wird.

Warum Kunden so reagieren:
1. **Psychologische Gewichtung des Preises:** Kunden nehmen den Preis oft als zentralen Entscheidungsfaktor wahr, insbesondere wenn sie den Mehrwert des Produkts noch nicht vollständig verinnerlicht haben.
2. **Vergleich mit anderen Angeboten:** Ohne eine klare Verbindung zwischen Preis und Nutzen tendieren

Kunden dazu, den Preis mit anderen – oft nur scheinbar ähnlichen – Produkten zu vergleichen.
3. **Emotionale Barriere:** Hohe Preise können Ängste auslösen, insbesondere in Branchen wie Versicherungen oder Finanzen, wo es um langfristige Verpflichtungen geht.

Ein Verkäufer, der den Preis isoliert nennt, riskiert also, dass der Kunde den Fokus auf die Vorteile verliert und nur noch die Zahl im Kopf hat. Hier kommt die **Sandwich-Technik** ins Spiel: Sie hilft, den Preis **im richtigen Kontext** zu präsentieren und sicherzustellen, dass der Kunde ihn als gerechtfertigt und sinnvoll empfindet.

Warum die Sandwich-Technik so wichtig ist

Die Sandwich-Technik bietet eine bewährte Struktur, um den Preis so in das Verkaufsgespräch einzubetten, dass er nicht als Hürde, sondern als logischer Bestandteil des Angebots wahrgenommen wird. Der Name der Technik kommt von ihrer Anordnung: Der Preis wird „eingebettet" zwischen zwei Schichten von Nutzen und Vorteilen – wie die Füllung in einem Sandwich.

Dies hat mehrere Vorteile:
1. **Der Wert bleibt im Vordergrund:** Indem der Nutzen vor und nach der Preisnennung betont wird, bleibt der Fokus des Kunden auf dem Mehrwert, den das Produkt bietet. Der Preis wird in diesem Kontext leichter akzeptiert.
2. **Emotionen werden gelenkt:** Die Betonung des Nutzens vor und nach der Preisnennung spricht die positiven Emotionen des Kunden an, wie Sicherheit, Erleichterung oder Stolz, anstatt negative Gefühle wie Zweifel oder Angst auszulösen.

3. **Kognitive Verankerung:** Durch die Wiederholung des Nutzens vor und nach dem Preis wird der Mehrwert für den Kunden stärker im Gedächtnis verankert, während der Preis nur ein Teil der Gesamtwahrnehmung bleibt.
4. **Einwände minimieren:** Wenn der Kunde den Preis im Zusammenhang mit den Vorteilen versteht, ist er weniger geneigt, Einwände zu erheben oder nach Rabatten zu fragen.

Warum die Sandwich-Technik funktioniert:
Die Methode basiert auf dem Prinzip der **kognitiven Rahmung**: Der Mensch nimmt Informationen immer in einem bestimmten Kontext wahr. Wenn der Preis isoliert betrachtet wird, erscheint er oft als unangemessen oder unattraktiv. Wird er jedoch „eingebettet" in die Vorteile des Produkts, verändert sich die Wahrnehmung des Kunden. Der Preis wird nicht mehr als reine Kostenposition gesehen, sondern als notwendige Investition, um die gewünschten Vorteile zu erhalten.

Wie die Sandwich-Technik funktioniert

Die Sandwich-Technik folgt einer klaren Struktur mit drei Schritten:
1. Nutzen vor dem Preis
Beginnen Sie die Preispräsentation mit einer Zusammenfassung der wichtigsten Vorteile und des Mehrwerts des Produkts oder der Dienstleistung. Beziehen Sie sich dabei idealerweise auf die Werte und Bedürfnisse des Kunden, die Sie im Gespräch ermittelt haben.
Ziel: Schaffen Sie eine positive Erwartungshaltung und lenken Sie die Aufmerksamkeit auf den Wert, bevor Sie den Preis nennen.

Beispiel:
„Mit dieser Berufsunfähigkeitsversicherung sichern Sie sich eine garantierte monatliche Rente von 2.500 Euro, wenn Sie aus gesundheitlichen Gründen nicht mehr arbeiten können. Das bedeutet, dass Sie Ihre laufenden Kosten wie Miete und Lebensunterhalt weiterhin problemlos decken können und sich auf Ihre Genesung konzentrieren können."

2. Preis nennen
Nennen Sie den Preis klar und selbstbewusst. Vermeiden Sie Formulierungen wie „Das kostet nur …" oder „Leider liegt der Preis bei …", die Unsicherheit vermitteln. Stattdessen stellen Sie den Preis als logischen Bestandteil des Gesamtpakets dar.
Ziel: Kommunizieren Sie den Preis ohne Umschweife und in einem professionellen Ton.
Beispiel:
„Der monatliche Beitrag für diese Absicherung liegt bei 95 Euro."

3. Nutzen nach dem Preis
Unmittelbar nach der Preisnennung greifen Sie den Nutzen erneut auf und betonen den langfristigen Wert des Produkts oder der Dienstleistung. Dies hilft dem Kunden, den Preis im Zusammenhang mit den Vorteilen wahrzunehmen.
Ziel: Lenken Sie die Aufmerksamkeit des Kunden wieder auf die Vorteile und stärken Sie die emotionale Bindung zum Angebot.
Beispiel:
„Damit haben Sie die Gewissheit, dass Sie in jeder Lebenslage finanziell abgesichert sind – ein Gefühl, das unbezahlbar ist."

Beispiele für die Sandwich-Technik
Beispiel 1: Berufsunfähigkeitsversicherung

Nutzen vor dem Preis:
„Mit dieser Berufsunfähigkeitsversicherung sichern Sie sich eine monatliche Rente von 2.500 Euro, wenn Sie aus gesundheitlichen Gründen nicht mehr arbeiten können. Das gibt Ihnen die Sicherheit, Ihre laufenden Kosten weiterhin zu decken und Ihre Familie finanziell abzusichern."
Preis:
„Der monatliche Beitrag für diese Absicherung beträgt 95 Euro."
Nutzen nach dem Preis:
„Das bedeutet, dass Sie mit einer überschaubaren Investition Ihre finanzielle Unabhängigkeit bewahren und in jeder Lebenslage abgesichert sind."

Beispiel 2: Private Krankenversicherung

Nutzen vor dem Preis:
„Mit unserer privaten Krankenversicherung haben Sie Zugang zu den besten Fachärzten und profitieren von kürzeren Wartezeiten. Im Krankheitsfall erhalten Sie sofort die bestmögliche Behandlung, damit Sie schneller genesen können."
Preis:
„Die monatlichen Beiträge beginnen bei 230 Euro."
Nutzen nach dem Preis:
„Damit investieren Sie nicht nur in Ihre Gesundheit, sondern auch in Ihre Lebensqualität – und sparen wertvolle Zeit und Energie."

Beispiel 3: Lebensversicherung

Nutzen vor dem Preis:
„Mit dieser Lebensversicherung sichern Sie Ihre Familie im Ernstfall mit einer Summe von 300.000 Euro ab. Das bedeutet, dass Ihre Familie finanziell abgesichert ist und wichtige Ausgaben wie die Ausbildung Ihrer Kinder oder die Tilgung von Krediten problemlos gedeckt werden können."

Preis:
„Der monatliche Beitrag beträgt 85 Euro."
Nutzen nach dem Preis:
„Das gibt Ihnen die Gewissheit, dass Ihre Liebsten selbst in schwierigen Zeiten gut versorgt sind – eine Sicherheit, die unbezahlbar ist."

Beispiel 4: Nachhaltige Geldanlage

Nutzen vor dem Preis:
„Dieser nachhaltige Fonds ermöglicht es Ihnen, attraktive Renditen zu erzielen und gleichzeitig Unternehmen zu unterstützen, die hohe ökologische und soziale Standards einhalten. So leisten Sie einen positiven Beitrag für die Zukunft."
Preis:
„Die jährliche Verwaltungsgebühr beträgt 1,2 % des investierten Kapitals."
Nutzen nach dem Preis:
„Damit verbinden Sie finanzielle Stabilität mit Verantwortung – eine Kombination, die sowohl Ihre Werte als auch Ihre langfristigen Ziele widerspiegelt."

Schlüssel zur erfolgreichen Anwendung

1. **Bereiten Sie die Nutzenargumentation vor:** Passen Sie die Vorteile individuell an den Kunden an. Je besser der Nutzen auf die Werte des Kunden abgestimmt ist, desto leichter wird er den Preis akzeptieren.
2. **Bleiben Sie selbstbewusst:** Nennen Sie den Preis ohne Unsicherheiten und rechtfertigen Sie ihn nicht unnötig.
3. **Wiederholen Sie die wichtigsten Vorteile:** Die Wiederholung des Nutzens nach der Preisnennung stärkt die emotionale Bindung des Kunden und hilft, mögliche Einwände zu reduzieren.

Die Sandwich-Technik macht die Preispräsentation zu einem wirkungsvollen Element des Verkaufsprozesses, bei dem der Kunde den Preis als fair und gerechtfertigt wahrnimmt. Im nächsten Kapitel erfahren Sie, wie Sie **Körpersprache im Verkauf** nutzen können, um Ihre Argumente zu verstärken und das Vertrauen des Kunden zu gewinnen.

Kapitel 7: Die Körpersprache im Verkauf – Der Schlüssel zu erfolgreicher nonverbaler Kommunikation

Einleitung: Die stille Sprache des Erfolgs

Körpersprache ist eines der mächtigsten Werkzeuge im Verkauf. Studien zeigen, dass die nonverbale Kommunikation – bestehend aus Gestik, Mimik, Körperhaltung, Stimme und Tonfall – bis zu 93 % der Wirkung einer Botschaft ausmacht. Worte allein reichen nicht aus, um einen Kunden zu überzeugen: Es ist die Art und Weise, wie wir unsere Botschaft präsentieren, die den entscheidenden Unterschied macht.

Im Verkauf bedeutet dies, dass ein Großteil der Überzeugungskraft nicht aus den Fakten oder Argumenten, sondern aus der Körpersprache des Verkäufers entsteht. Eine aufrechte Haltung, ein warmes Lächeln, offener Blickkontakt und passende Gesten können Vertrauen schaffen, Sympathie wecken und den Kunden emotional abholen. Ebenso entscheidend ist es, die Körpersprache des Kunden zu lesen, um seine Stimmung, möglichen Widerstand oder Zustimmung zu erkennen – oft lange bevor er etwas sagt.

Spiegeln (Mirroring) – Die Kunst der nonverbalen Verbindung

Spiegeln ist eine der wirkungsvollsten Techniken der Körpersprache, um eine positive Beziehung zum Kunden aufzubauen. Dabei ahmt der Verkäufer die Haltung, Gestik, Mimik oder den Tonfall des Kunden nach. Dieses Verhalten erfolgt unauffällig und dient dazu, eine unbewusste Verbindung herzustellen. Menschen fühlen sich zu anderen hingezogen, die ihnen ähnlich sind – ein Prinzip, das auf den sogenannten **Chamäleon-Effekt** zurückzuführen ist.

Warum Spiegeln funktioniert
1. **Unbewusste Sympathie:** Menschen nehmen Personen, die ihnen in Haltung und Verhalten ähneln, als vertrauenswürdiger und sympathischer wahr. Spiegeln schafft diese Ähnlichkeit auf nonverbaler Ebene.
2. **Wohlfühlatmosphäre:** Das Spiegeln signalisiert dem Kunden, dass Sie ihn verstehen und auf seiner Wellenlänge sind. Dies schafft eine Atmosphäre, in der sich der Kunde sicher und respektiert fühlt.
3. **Vertrauen aufbauen:** Durch das Nachahmen der Körpersprache vermittelt der Verkäufer, dass er den Kunden ernst nimmt, was Vertrauen stärkt.

Wie Spiegeln angewendet wird

Das Spiegeln sollte subtil erfolgen, um nicht auffällig oder nachgeahmt zu wirken. Es geht darum, bestimmte Elemente der Körpersprache des Kunden aufzugreifen und in Ihre eigene Körpersprache zu integrieren.

Beispiele für das Spiegeln:
- **Haltung:** Wenn der Kunde sich zurücklehnt, können Sie ebenfalls eine entspannte Haltung einnehmen. Neigt er sich nach vorne, tun Sie dies ebenfalls, um Aufmerksamkeit zu signalisieren.
- **Gestik:** Nutzt der Kunde während des Gesprächs bestimmte Gesten, wie das Winken mit der Hand, können Sie diese unauffällig nachmachen.
- **Mimik:** Wenn der Kunde lächelt, spiegeln Sie dies, indem Sie ebenfalls lächeln. Zieht er die Stirn zusammen, signalisieren Sie mit einer nachdenklichen Mimik, dass Sie seine Bedenken ernst nehmen.
- **Sprechtempo und Tonfall:** Sprechen Sie in einem ähnlichen Tempo und mit einer ähnlichen Lautstärke wie der Kunde, um eine verbale Harmonie herzustellen.

Erweiterte Anwendung des Spiegelns
- **Timing:** Spiegeln Sie nicht sofort. Geben Sie dem Gespräch etwas Zeit, bevor Sie beginnen, einzelne Elemente der Körpersprache zu übernehmen.
- **Vermeidung von Übertreibung:** Übermäßiges Spiegeln wirkt aufgesetzt und kann das Vertrauen des Kunden untergraben.
- **Verhalten anpassen:** Wenn der Kunde zu passiv oder zurückhaltend wirkt, können Sie das Spiegeln verwenden, um Vertrauen aufzubauen, und dann langsam eine offenere Körpersprache einnehmen, um ihn zu ermutigen.

Beispiel in der Praxis:

Ein Kunde sitzt mit leicht nach vorne gebeugtem Oberkörper und verschränkten Armen. Sie könnten ebenfalls leicht nach vorne geneigt sitzen und kurz die Arme verschränken. Nach einigen Minuten können Sie Ihre Arme öffnen, um Offenheit zu signalisieren – oft wird der Kunde dies unbewusst übernehmen.
Vorteil: Spiegeln schafft Sympathie, ohne Worte zu verwenden, und bringt den Kunden auf eine nonverbale Ebene des Vertrauens.

Aktives Zuhören mit Körpersprache

Aktives Zuhören ist weit mehr als nur das Aufnehmen von Worten. Es bedeutet, dem Kunden das Gefühl zu geben, dass er gehört und verstanden wird. Dabei spielt die Körpersprache eine zentrale Rolle: Sie signalisiert Aufmerksamkeit, Empathie und echtes Interesse.

Die drei Ebenen des aktiven Zuhörens
1. **Aufmerksam sein:** Konzentrieren Sie sich vollständig auf den Kunden, ohne sich ablenken zu lassen.
2. **Bestätigen:** Zeigen Sie dem Kunden durch nonverbale Signale, dass Sie ihm folgen.
3. **Reflektieren:** Geben Sie das Gesagte des Kunden in Ihren Worten oder durch Fragen wieder, um sicherzustellen, dass Sie ihn richtig verstanden haben.

Körpersprache beim aktiven Zuhören
- **Blickkontakt:** Halten Sie Blickkontakt, während der Kunde spricht, um Aufmerksamkeit und Interesse zu signalisieren.
- **Nicken:** Ein leichtes Nicken zeigt, dass Sie dem Kunden folgen und seine Aussagen ernst nehmen.
- **Vorlehnen:** Eine leichte Vorwärtsneigung des Oberkörpers signalisiert, dass Sie aufmerksam sind und aktiv zuhören.

- **Mimik:** Passen Sie Ihre Mimik an die Emotionen des Kunden an, z. B. ein verständnisvolles Lächeln oder ein nachdenklicher Ausdruck.

Beispiel:
Ein Kunde äußert Bedenken bezüglich der Kosten einer Versicherung. Während er spricht, nicken Sie leicht, schauen ihm in die Augen und sagen anschließend: „Das ist ein wichtiger Punkt. Lassen Sie uns gemeinsam anschauen, wie wir eine Lösung finden können, die in Ihr Budget passt."

Erweiterte Techniken des aktiven Zuhörens
- **Nonverbale Bestätigungen:** Nutzen Sie kleine Gesten wie ein bestätigendes „Mhm" oder „Verstehe" in Verbindung mit Nicken, um den Kunden zu ermutigen, weiterzusprechen.
- **Spiegeln von Emotionen:** Wenn der Kunde begeistert ist, spiegeln Sie seine Freude mit einem Lächeln. Ist er skeptisch, zeigen Sie durch Ihre Mimik, dass Sie seine Bedenken nachvollziehen können.
- **Wiederholen und Klären:** Fassen Sie Aussagen des Kunden zusammen und stellen Sie vertiefende Fragen, um das Gespräch zu vertiefen.

Vorteil: Aktives Zuhören schafft eine Atmosphäre des Vertrauens und ermöglicht es Ihnen, die wahren Bedürfnisse und Wünsche des Kunden zu erkennen.

Körpersprache des Kunden lesen

Die Fähigkeit, die Körpersprache des Kunden zu interpretieren, ist im Verkauf essenziell. Kunden senden oft unbewusste Signale, die Aufschluss über ihre Stimmung, Zustimmung oder Ablehnung geben.

Positive Signale:

- **Offene Haltung:** Der Kunde sitzt entspannt, die Arme sind nicht verschränkt.
- **Blickkontakt:** Der Kunde hält regelmäßigen Blickkontakt und nickt gelegentlich.
- **Leichte Vorwärtsneigung:** Der Kunde lehnt sich nach vorne, was Interesse signalisiert.

Negative Signale:
- **Verschränkte Arme:** Der Kunde fühlt sich defensiv oder skeptisch.
- **Abgewandter Blick:** Der Kunde ist abgelenkt oder uninteressiert.
- **Zurücklehnen:** Der Kunde nimmt eine distanzierte Haltung ein, was Desinteresse oder Widerstand bedeuten kann.

Wie reagieren, wenn negative Signale auftreten?
1. **Einwände ansprechen:** Fragen Sie nach, ob der Kunde noch offene Fragen oder Bedenken hat.
2. **Eigene Körpersprache anpassen:** Nehmen Sie eine offene Haltung ein, um den Kunden zu ermutigen, sich ebenfalls zu öffnen.

Beispiel:
Ein Kunde verschränkt die Arme und zieht die Stirn kraus. Sie könnten sagen: „Ich sehe, dass Sie noch zögern. Gibt es etwas, das wir genauer besprechen sollten?" Dies zeigt, dass Sie auf seine Signale eingehen.

Die Bedeutung der Körpersprache am Telefon

Auch am Telefon, wo der Kunde Sie nicht sehen kann, spielt die Körpersprache eine entscheidende Rolle, da sie Ihre Stimme, Tonalität und Ausdrucksweise beeinflusst. Eine aufrechte Haltung oder ein Lächeln kann die gesamte Wirkung Ihrer Stimme verändern.

Techniken für die Körpersprache am Telefon
1. **Aufrecht sitzen oder stehen:**
   Eine aufrechte Haltung verleiht Ihrer Stimme mehr Klarheit, Dynamik und Energie.
2. **Lächeln während des Gesprächs:**
   Ein Lächeln ist hörbar und vermittelt Freundlichkeit, Enthusiasmus und Verbindlichkeit.
3. **Gestikulieren:**
   Auch wenn der Kunde Ihre Gesten nicht sehen kann, unterstützen sie Ihre Stimme und verleihen Ihrer Sprache mehr Ausdruckskraft.
4. **Bewegung:**
   Gehen Sie während des Gesprächs hin und her. Dies hält Sie dynamisch und fördert eine lebendige Gesprächsführung.

Erweiterte Anwendung:
- Halten Sie eine entspannte Haltung, um Nervosität zu vermeiden.
- Verwenden Sie eine Spiegeltechnik für den Tonfall, indem Sie sich an die Sprechgeschwindigkeit und Stimmlage des Kunden

Kapitel 8: Die Verkaufsphasen – Ein strukturierter Leitfaden für erfolgreiche Gespräche

Einleitung: Warum ein klarer Verkaufsleitfaden entscheidend ist

Der Verkaufsprozess ist kein zufälliger oder intuitiver Ablauf – er ist eine sorgfältig geplante Abfolge von Schritten, die darauf abzielt, den Kunden durch ein strukturiertes Gespräch zu einer informierten und positiven Entscheidung zu führen. Ein klarer Verkaufsleitfaden hilft Verkäufern, systematisch vorzugehen, den Überblick zu behalten und gleichzeitig flexibel auf den Kunden einzugehen.

Warum ein Verkaufsleitfaden so wichtig ist:
1. **Vermeidung von Fehlern:** Ohne Struktur laufen Verkäufer Gefahr, wichtige Aspekte des Gesprächs zu übersehen – sei es die Analyse der Kundenbedürfnisse oder der Umgang mit Einwänden.
2. **Professionelles Auftreten:** Ein strukturierter Prozess wirkt professionell und schafft Vertrauen beim Kunden. Der Kunde merkt, dass der Verkäufer methodisch vorgeht und nichts dem Zufall überlässt.
3. **Effizienz:** Verkaufsleitfäden sorgen dafür, dass Gespräche zielgerichtet verlaufen. Dies spart Zeit – sowohl für den Verkäufer als auch für den Kunden.
4. **Emotionale Verbindung:** Ein systematischer Ansatz stellt sicher, dass der Fokus nicht nur auf dem Produkt liegt, sondern vor allem auf den Werten und Bedürfnissen des Kunden.
5. **Steigerung der Abschlussrate:** Ein klarer Ablauf erhöht die Wahrscheinlichkeit, dass der Kunde am Ende des Gesprächs eine Entscheidung trifft.

Nutzen für den Verkäufer:
- **Sicherheit:** Ein Verkaufsleitfaden gibt Orientierung und verhindert, dass der Verkäufer sich in Details verliert oder unsicher wird.
- **Flexibilität:** Obwohl die Phasen klar definiert sind, bleibt genug Spielraum, um individuell auf den Kunden einzugehen.

- **Erfolgsmessung:** Die Einhaltung eines Leitfadens ermöglicht es, den Verkaufsprozess zu analysieren und zu verbessern.

In diesem Kapitel werden die typischen Verkaufsphasen ausführlich beschrieben. Jede Phase wird in ihrem Zweck, ihren Vorteilen und ihrem Nutzen für den Verkäufer erläutert, ergänzt durch konkrete Beispiele und Tipps für die Umsetzung.

Die Phasen des Verkaufsprozesses

Der Verkaufsprozess wird hier in acht Phasen unterteilt, die einen typischen Ablauf darstellen. Diese Struktur kann je nach Branche oder Produkt angepasst werden.

1. **Beziehungsaufbau (Kontaktphase)**
2. **Bedarfsanalyse (Fragephase)**
3. **Rückblick und Zielsetzung**
4. **Lösungspräsentation**
5. **Umgang mit Einwänden**
6. **Abschlussphase**
7. **Einholen von Empfehlungen**
8. **Nachbereitung und Kundenbindung**

1. Beziehungsaufbau (Kontaktphase)

Der erste Eindruck entscheidet, ob der Kunde sich auf das Gespräch einlassen möchte. In der Kontaktphase geht es darum, eine positive Atmosphäre zu schaffen und eine Beziehung zum Kunden aufzubauen. Diese Phase legt die Grundlage für Vertrauen und Offenheit.

Schritte des Beziehungsaufbaus:

- **Offene Körpersprache:** Ein Lächeln, ein fester Händedruck und Augenkontakt signalisieren Freundlichkeit und Kompetenz.
- **Smalltalk:** Nutzen Sie Smalltalk, um eine persönliche Verbindung herzustellen.
- **Empathie zeigen:** Hören Sie aktiv zu und nehmen Sie den Kunden als Person wahr.

Beispiele für den Beziehungsaufbau:
- „Wie geht es Ihnen heute? Haben Sie gut hergefunden?"
- „Ich sehe, dass Sie ein Interesse an moderner Kunst haben. Welche Werke sprechen Sie besonders an?"

Vorteile der Kontaktphase für den Verkäufer:
- **Vertrauensbasis schaffen:** Ein Kunde, der sich wohlfühlt, ist eher bereit, seine Bedürfnisse offen zu teilen.
- **Barrieren abbauen:** Smalltalk kann Spannungen lösen und das Gespräch entspannter gestalten.
- **Sympathie gewinnen:** Kunden kaufen oft von Personen, die sie sympathisch finden.

Nutzen für den Verkäufer:
Ein erfolgreicher Beziehungsaufbau erhöht die Wahrscheinlichkeit, dass der Kunde dem Verkäufer zuhört und sich auf das Gespräch einlässt.

2. Bedarfsanalyse (Fragephase)

In der Bedarfsanalyse geht es darum, die Bedürfnisse, Wünsche und Herausforderungen des Kunden zu verstehen. Ohne eine fundierte Analyse läuft der Verkäufer Gefahr, Lösungen anzubieten, die nicht zu den Anforderungen des Kunden passen.

Schritte der Bedarfsanalyse:

- **Offene Fragen:** Ermutigen Sie den Kunden, ausführlich zu antworten.
- **Zuhören:** Hören Sie aktiv zu und zeigen Sie durch nonverbale Signale Interesse.
- **Vertiefende Fragen:** Stellen Sie gezielte Nachfragen, um die Bedürfnisse des Kunden genauer zu verstehen.

Beispiele für Fragen in der Bedarfsanalyse:
- „Was ist Ihnen bei einer Altersvorsorge besonders wichtig?"
- „Welche Herausforderungen haben Sie aktuell in diesem Bereich?"
- „Wie stellen Sie sich eine ideale Lösung vor?"

Vorteile der Bedarfsanalyse für den Verkäufer:
- **Passgenaue Lösungen entwickeln:** Durch die Analyse der Bedürfnisse kann der Verkäufer später eine maßgeschneiderte Lösung präsentieren.
- **Einwände vermeiden:** Kunden, deren Bedürfnisse verstanden werden, haben weniger Einwände.
- **Emotionale Verbindung:** Indem Sie den Kunden dazu bringen, über seine Wünsche und Werte zu sprechen, schaffen Sie eine emotionale Bindung.

Nutzen für den Verkäufer:
Die Bedarfsanalyse sorgt dafür, dass der Verkäufer das Gespräch auf die individuellen Anforderungen des Kunden ausrichten kann.

3. Rückblick und Zielsetzung

Nach der Bedarfsanalyse folgt die Phase der Zusammenfassung und Zielsetzung. Hier wird das Gesagte reflektiert und ein gemeinsames Ziel für das Gespräch definiert.

Schritte des Rückblicks:

- **Zusammenfassung:** Fassen Sie die wichtigsten Punkte der Bedarfsanalyse zusammen.
- **Ziele definieren:** Klären Sie mit dem Kunden, welches Ergebnis er sich vom Gespräch wünscht.

Beispiel für die Zielsetzung:
„Wenn ich Sie richtig verstehe, wünschen Sie sich eine Lösung, die sowohl finanzielle Sicherheit als auch Flexibilität bietet. Lassen Sie uns gemeinsam sehen, wie wir das erreichen können."

Vorteile der Zielsetzung für den Verkäufer:
- **Klarheit schaffen:** Der Kunde weiß genau, worauf das Gespräch abzielt.
- **Verbindlichkeit herstellen:** Durch die Zieldefinition fühlt sich der Kunde aktiv eingebunden.
- **Fokus behalten:** Der Verkäufer kann sich gezielt auf die Ziele des Kunden konzentrieren.

Nutzen für den Verkäufer:
Ein klar definiertes Ziel verhindert, dass das Gespräch in Details abschweift, und hält den Fokus auf die Bedürfnisse des Kunden.

4. Lösungspräsentation

In der Lösungspräsentation wird das Produkt oder die Dienstleistung vorgestellt. Der Schwerpunkt liegt dabei auf dem Nutzen und der Erfüllung der zuvor analysierten Bedürfnisse.

Schritte der Lösungspräsentation:
- **Nutzen hervorheben:** Präsentieren Sie die Vorteile des Produkts aus der Perspektive des Kunden.
- **Visualisieren:** Nutzen Sie Bilder, Diagramme oder Beispiele, um die Lösung greifbar zu machen.

- **Emotionen ansprechen:** Betonen Sie, wie die Lösung das Leben des Kunden verbessert.

Beispiel für die Präsentation:
„Mit dieser Versicherung sind Sie und Ihre Familie abgesichert, selbst wenn etwas Unerwartetes passiert. Das gibt Ihnen die Gewissheit, dass Ihre Liebsten versorgt sind."

Vorteile der Lösungspräsentation für den Verkäufer:
- **Emotionale Bindung stärken:** Kunden kaufen oft aufgrund emotionaler Motive, die in dieser Phase angesprochen werden können.
- **Vertrauen aufbauen:** Eine gut strukturierte Präsentation zeigt Professionalität und Kompetenz.

Nutzen für den Verkäufer:
Die Lösungspräsentation ermöglicht es, den Kunden emotional und rational zu überzeugen.

5. Umgang mit Einwänden

Kein Verkaufsgespräch verläuft vollständig reibungslos – Einwände gehören dazu. Ein Einwand ist jedoch kein Nein, sondern eine Gelegenheit, den Kunden weiter zu überzeugen. In dieser Phase geht es darum, die Bedenken des Kunden aufzunehmen, sie ernst zu nehmen und durch gezielte Argumentation auszuräumen.

Schritte im Umgang mit Einwänden:
- **Aktiv zuhören:** Lassen Sie den Kunden seinen Einwand vollständig aussprechen, ohne ihn zu unterbrechen.
- **Einwand anerkennen:** Zeigen Sie Verständnis für die Bedenken des Kunden.
- **Gezielt nachfragen:** Klären Sie, ob es sich um einen echten Einwand oder eine Unsicherheit handelt.

- **Argumentieren:** Bieten Sie eine Lösung oder ein Gegenargument, das den Einwand entkräftet.

Typische Einwände und mögliche Antworten:
1. **„Das ist mir zu teuer."**
    - „Ich verstehe, dass der Preis ein wichtiger Faktor ist. Lassen Sie uns noch einmal anschauen, welchen Mehrwert Sie für diesen Preis erhalten. Welche Aspekte sind Ihnen besonders wichtig?"
2. **„Ich möchte noch darüber nachdenken."**
    - „Das ist absolut verständlich. Was genau möchten Sie noch klären? Vielleicht kann ich Ihnen helfen, die Entscheidung einfacher zu machen."
3. **„Ich bin mir nicht sicher, ob ich das brauche."**
    - „Können Sie mir noch einmal schildern, was Ihnen bei einer Lösung besonders wichtig ist? Vielleicht kann ich Ihnen zeigen, wie unser Angebot diese Anforderungen erfüllt."

Vorteile des professionellen Umgangs mit Einwänden:
- **Vertrauen stärken:** Ein Verkäufer, der auf Einwände eingeht, signalisiert, dass er den Kunden ernst nimmt.
- **Kaufentscheidungen erleichtern:** Indem Unsicherheiten ausgeräumt werden, fällt es dem Kunden leichter, eine Entscheidung zu treffen.
- **Langfristige Beziehungen aufbauen:** Kunden erinnern sich an Verkäufer, die ihre Bedenken ernst genommen haben.

Nutzen für den Verkäufer:
Ein systematischer Umgang mit Einwänden erhöht die Abschlussquote und stärkt die Kundenbindung.

6. Abschlussphase

Der Abschluss ist das Ziel eines jeden Verkaufsprozesses. Hier entscheidet sich, ob der Kunde bereit ist, das Angebot anzunehmen. Ein erfolgreicher Abschluss erfordert Selbstbewusstsein, Klarheit und eine positive Atmosphäre.

Schritte der Abschlussphase:
- **Zusammenfassen:** Wiederholen Sie die wichtigsten Vorteile und zeigen Sie, wie das Angebot die Bedürfnisse des Kunden erfüllt.
- **Abschlussfrage stellen:** Leiten Sie den Abschluss durch eine klare Frage ein, z. B. „Wollen wir den nächsten Schritt gemeinsam gehen?"
- **Emotionen bestätigen:** Bestärken Sie den Kunden darin, dass er eine gute Entscheidung trifft.

Beispiele für Abschlussfragen:
1. **Direkte Frage:**
   - „Wollen wir die Details gleich gemeinsam durchgehen?"
2. **Alternativfrage:**
   - „Möchten Sie mit der Basis- oder der Premiumvariante starten?"
3. **Bestätigungsfrage:**
   - „Sehen Sie diese Lösung als passend für Ihre Bedürfnisse?"

Vorteile der Abschlussphase:
- **Verbindlichkeit schaffen:** Eine klare Abschlussfrage hilft dem Kunden, die Entscheidung zu treffen.
- **Positive Emotionen auslösen:** Indem Sie den Nutzen nochmals betonen, verlässt der Kunde das Gespräch mit einem guten Gefühl.

Nutzen für den Verkäufer:
Ein selbstbewusster Abschluss zeigt Professionalität und erhöht die Wahrscheinlichkeit, dass der Kunde eine Entscheidung trifft.

7. Einholen von Empfehlungen

Empfehlungen sind eine der effektivsten Möglichkeiten, neue Kunden zu gewinnen. Kunden, die mit dem Service zufrieden sind, sind oft bereit, ihr Netzwerk für den Verkäufer zu öffnen.

Schritte zum Einholen von Empfehlungen:
- **Timing:** Bitten Sie den Kunden erst um Empfehlungen, nachdem er zufrieden mit dem Gespräch oder Abschluss ist.
- **Konkrete Fragen stellen:** Fragen Sie gezielt nach Personen, die von Ihrem Angebot profitieren könnten.
- **Dankbarkeit zeigen:** Danken Sie dem Kunden für jede Empfehlung – dies stärkt die Beziehung.

Beispiele für Empfehlungsfragen:
1. „Kennen Sie jemanden in Ihrem Umfeld, der sich ebenfalls für eine ähnliche Lösung interessieren könnte?"
2. „Haben Sie Kollegen oder Freunde, die von diesem Angebot profitieren könnten?"
3. „Wen könnte ich Ihrer Meinung nach kontaktieren, um diese Lösung vorzustellen?"

Vorteile des Einholens von Empfehlungen:
- **Neue Kontakte:** Empfehlungen eröffnen den Zugang zu potenziellen Kunden, die bereits eine positive Einstellung haben.
- **Vertrauensvorschuss:** Kunden, die auf Empfehlung kommen, sind meist offener und vertrauensvoller.
- **Kostenersparnis:** Empfehlungsmarketing ist oft günstiger und effektiver als andere Akquisemethoden.

Nutzen für den Verkäufer:
Empfehlungen sind ein Multiplikator für den Erfolg und ein Zeichen dafür, dass der Kunde mit dem Service zufrieden ist.

8. Nachbereitung und Kundenbindung

Der Verkaufsprozess endet nicht mit dem Abschluss. Eine gründliche Nachbereitung ist entscheidend, um die Kundenbindung zu stärken und zukünftige Geschäftsbeziehungen zu sichern.

Schritte der Nachbereitung:
- **Bedanken:** Danken Sie dem Kunden für sein Vertrauen und den Abschluss.
- **Erreichbarkeit signalisieren:** Teilen Sie dem Kunden mit, dass Sie bei Fragen oder Anliegen jederzeit erreichbar sind.
- **Feedback einholen:** Fragen Sie, ob der Kunde mit dem Service zufrieden ist und ob es Verbesserungsvorschläge gibt.
- **Regelmäßiger Kontakt:** Halten Sie den Kontakt durch persönliche Anrufe, E-Mails oder Einladungen zu Veranstaltungen aufrecht.

Beispiele für Nachbereitung:
- „Ich wollte mich noch einmal bei Ihnen bedanken und fragen, ob alles zu Ihrer Zufriedenheit verlaufen ist."
- „Gibt es etwas, das wir für Sie verbessern können? Ihre Rückmeldung ist uns wichtig."

Vorteile der Nachbereitung für den Verkäufer:
- **Kundenbindung:** Ein Kunde, der sich gut betreut fühlt, bleibt länger loyal.
- **Zusatzgeschäfte:** Eine gute Nachbetreuung erhöht die Wahrscheinlichkeit für Folgegeschäfte.

- **Empfehlungen:** Zufriedene Kunden sind eher bereit, Empfehlungen auszusprechen.

Nutzen für den Verkäufer:
Die Nachbereitung stärkt die Beziehung zum Kunden und schafft eine Grundlage für langfristigen Erfolg.

Zusammenfassung: Die Stärke eines strukturierten Verkaufsprozesses

Ein klarer Verkaufsleitfaden hilft Verkäufern, systematisch vorzugehen, den Fokus auf die Bedürfnisse des Kunden zu richten und die Abschlusswahrscheinlichkeit zu erhöhen. Jede Phase des Prozesses erfüllt einen spezifischen Zweck und bietet Vorteile – sowohl für den Kunden als auch für den Verkäufer. Durch die Einhaltung dieser Phasen zeigt der Verkäufer Professionalität, schafft Vertrauen und baut eine nachhaltige Beziehung zum Kunden auf. Ein flexibler, aber strukturierter Verkaufsprozess ist daher der Schlüssel zu langfristigem Erfolg im Vertrieb.

Kapitel 9: Professioneller Umgang mit Einwänden – Der Schlüssel zum Verkaufserfolg (erweiterte Version)

Einleitung: Warum Einwände normal und wertvoll sind

Einwände gehören zu jedem Verkaufsgespräch dazu – und das ist auch gut so. Sie zeigen, dass der Kunde sich mit dem Angebot auseinandersetzt, und geben dem Verkäufer die Möglichkeit, Fragen zu klären, Missverständnisse auszuräumen und den Kunden von der Lösung zu überzeugen. Ein professioneller Umgang mit Einwänden ist daher kein Hindernis, sondern eine Chance, die Beziehung zum Kunden zu stärken.

Einwände entstehen oft aus Unsicherheit, fehlenden Informationen oder emotionalen Barrieren. Kunden äußern sie, weil sie sicherstellen möchten, dass sie die richtige Entscheidung treffen. Verkäufer, die diese Einwände ernst nehmen und mit Empathie und Kompetenz darauf eingehen, schaffen Vertrauen und erhöhen ihre Abschlussquote erheblich.

Die Vorteile eines professionellen Umgangs mit Einwänden:
- **Vertrauensaufbau:** Kunden schätzen Verkäufer, die ihnen zuhören und ihre Bedenken ernst nehmen.
- **Klärung von Missverständnissen:** Viele Einwände basieren auf falschen Annahmen, die leicht ausgeräumt werden können.
- **Erhöhung der Abschlussrate:** Kunden, deren Einwände behandelt wurden, treffen ihre Entscheidungen oft schneller und sicherer.

Doch nicht jeder geäußerte Einwand ist ein echter Einwand – oft verstecken sich hinter den Worten Vorwände, die nicht den wahren Grund für die Zurückhaltung des Kunden wiedergeben.

Einwand vs. Vorwand: Der entscheidende Unterschied

Es ist entscheidend, zwischen echten Einwänden und vorgeschobenen Vorwänden zu unterscheiden:

1. **Einwand:**
   Ein Einwand ist ein konkreter, meist sachlicher oder emotionaler Grund, warum der Kunde noch zögert. Einwände sind ehrlich und zeigen, dass der Kunde grundsätzlich interessiert ist, aber noch nicht vollständig überzeugt wurde.
   - **Beispiel:** „Ich bin mir nicht sicher, ob dieses Produkt meine Anforderungen erfüllt."

2. **Vorwand:**
   Ein Vorwand ist eine Ausrede oder ein vorgeschobener Grund, um eine Entscheidung hinauszuzögern oder abzulehnen. Häufig verbergen Kunden hinter Vorwänden ihre wahren Bedenken.
   - **Beispiel:** „Ich habe gerade keine Zeit, mich damit zu beschäftigen."

Warum Kunden Vorwände nutzen:
- **Unwohlsein:** Der Kunde möchte seine tatsächlichen Bedenken nicht offenlegen.
- **Entscheidungsdruck:** Der Kunde versucht, sich einer Entscheidung zu entziehen.
- **Fehlendes Vertrauen:** Der Kunde ist unsicher, ob er dem Verkäufer oder dem Angebot vertrauen kann.

Ziel des Verkäufers:
Den Unterschied zwischen Einwand und Vorwand zu erkennen und die wahren Beweggründe des Kunden herauszufinden. Nur so kann der Verkäufer gezielt auf die Bedürfnisse des Kunden eingehen.

Erweiterte Techniken für den Umgang mit Einwänden

1. Aktives Zuhören
Beschreibung:
Aktives Zuhören ist die Grundlage für den professionellen Umgang mit Einwänden. Es zeigt dem Kunden, dass seine Bedenken ernst genommen werden, und hilft dem Verkäufer, den Einwand vollständig zu verstehen.

Wie es funktioniert:
- **Konzentration auf den Kunden:** Lenken Sie Ihre volle Aufmerksamkeit auf den Kunden und lassen Sie ihn ausreden, ohne ihn zu unterbrechen.
- **Wiederholen Sie den Einwand in eigenen Worten:** „Wenn ich Sie richtig verstehe, machen Sie sich Sorgen über die langfristigen Kosten dieser Lösung?"
- **Nonverbale Signale:** Zeigen Sie durch Nicken, Blickkontakt und eine offene Körperhaltung, dass Sie zuhören.

Beispiele:
- Kunde: „Ich bin mir nicht sicher, ob ich das Produkt langfristig nutzen werde."
  Verkäufer: „Das verstehe ich. Es ist wichtig, dass Sie sich sicher fühlen. Welche Aspekte sind Ihnen besonders wichtig, um langfristig zufrieden zu sein?"

Nutzen:
- Der Kunde fühlt sich verstanden und ernst genommen.
- Der Verkäufer gewinnt wertvolle Informationen über die Bedürfnisse und Unsicherheiten des Kunden.

2. Den Einwand anerkennen

Beschreibung:
Statt sofort zu argumentieren, sollten Sie den Einwand des Kunden zunächst anerkennen. Dies zeigt, dass Sie die Perspektive des Kunden respektieren, und baut eine Brücke zu einer möglichen Lösung.

Wie es funktioniert:
- **Einwand bestätigen:** „Das ist ein berechtigter Punkt."
- **Empathie zeigen:** „Ich kann nachvollziehen, dass das eine wichtige Überlegung für Sie ist."
- **Ähnlichkeit herstellen:** „Viele Kunden hatten anfangs ähnliche Bedenken."

Beispiele:
- Kunde: „Ich finde, der Preis ist ziemlich hoch."
  Verkäufer: „Das ist ein wichtiger Punkt. Darf ich Ihnen zeigen, warum dieser Preis eine langfristige Investition darstellt?"

Nutzen:
- Der Kunde fühlt sich ernst genommen und ist offener für weitere Erklärungen.
- Es entsteht eine konstruktive Gesprächsatmosphäre.

3. Nachfragen stellen

Beschreibung:
Durch gezielte Fragen können Sie den Einwand des Kunden genauer verstehen und klären, ob es sich um einen echten Einwand oder einen Vorwand handelt.

Wie es funktioniert:
- **Offene Fragen:** „Was genau macht Sie unsicher?"
- **Vertiefende Fragen:** „Welche Aspekte wären für Sie besonders wichtig, um diese Entscheidung zu treffen?"
- **Hypothetische Fragen:** „Wenn der Preis kein Thema wäre, würden Sie sich für dieses Produkt entscheiden?"

Beispiele:
- Kunde: „Ich bin mir nicht sicher, ob ich das jetzt machen soll."
  Verkäufer: „Welche zusätzlichen Informationen benötigen Sie, um sich sicher zu fühlen?"

Nutzen:
- Der Verkäufer erhält ein klares Bild von den wahren Bedenken des Kunden.
- Der Kunde fühlt sich ernst genommen und ist eher bereit, offen über seine Bedenken zu sprechen.

4. Reframing (Umdeutung)

Beschreibung:
Reframing bedeutet, den Einwand in einem neuen, positiven Licht darzustellen und so die Perspektive des Kunden zu ändern.

Beispiele:
- Kunde: „Das ist mir zu teuer."
  Verkäufer: „Ich verstehe, dass der Preis ein wichtiger Punkt ist. Lassen Sie uns einmal schauen, welchen langfristigen Mehrwert Sie durch diese Lösung erhalten."
- Kunde: „Ich habe gehört, dass andere Anbieter günstiger sind."
  Verkäufer: „Das stimmt, aber bedenken Sie, dass unser

Angebot zusätzliche Leistungen umfasst, die Ihnen langfristig mehr Nutzen bringen."

Nutzen:
- Der Kunde sieht den Einwand nicht mehr als Hindernis, sondern als Teil des Entscheidungsprozesses.
- Der Verkäufer lenkt die Aufmerksamkeit des Kunden auf die Vorteile des Angebots.

5. Bumerang-Technik

Beschreibung:
Bei der Bumerang-Technik wird der Einwand des Kunden in ein Verkaufsargument umgewandelt.

Beispiele:
- Kunde: „Das ist aber ein hoher Preis."
  Verkäufer: „Genau, und das liegt daran, dass wir besonders langlebige Materialien verwenden. Das bedeutet für Sie, dass Sie langfristig Kosten sparen."
- Kunde: „Ich bin mir nicht sicher, ob ich diese Lösung brauche."
  Verkäufer: „Das zeigt, dass Sie genau abwägen, bevor Sie sich entscheiden – eine Eigenschaft, die Ihnen bei dieser langfristigen Investition nur zugutekommt."

Nutzen:
- Der Kunde erkennt den Wert hinter seinem Einwand.
- Der Verkäufer zeigt, dass er die Perspektive des Kunden versteht.

Den wahren Grund hinter Einwänden aufdecken

Viele Kunden äußern ihre tatsächlichen Bedenken nicht direkt. Der Verkäufer muss deshalb tiefere Gründe hinterfragen, die den geäußerten Einwand motivieren könnten.

Techniken zur Aufdeckung von wahren Gründen:
1. **Offene Fragen:**
   „Was genau fehlt Ihnen noch, um eine Entscheidung zu treffen?"
2. **Emotionale Aspekte ansprechen:**
   „Welche Sorgen oder Bedenken haben Sie bezüglich der Nutzung unseres Produkts?"
3. **Sichere Atmosphäre schaffen:**
   Eine entspannte und offene Gesprächsatmosphäre erleichtert es dem Kunden, ehrlich über seine Bedenken zu sprechen.

Fazit: Einwände als Chance begreifen
Einwände sind keine Hindernisse, sondern Chancen. Sie bieten Verkäufern die Möglichkeit, den Kunden besser zu verstehen und gezielt auf dessen Bedürfnisse einzugehen. Durch den professionellen Umgang mit Einwänden können Sie nicht nur Verkäufe abschließen, sondern auch langfristige Beziehungen aufbauen. Ein souveräner Umgang mit Einwänden macht den Unterschied zwischen einem durchschnittlichen und einem herausragenden Verkäufer.

Kapitel 10: Praktische Anwendung und Reflexion – Herausforderungen meistern und authentische Kundenbeziehungen aufbauen – die Zusammenfassung

Einleitung: Der Verkäufer als Berater und Wegbegleiter

Der Beruf des Verkäufers ist weit mehr als nur das Übermitteln von Produktinformationen und das Verhandeln von Preisen. Ein erfolgreicher Verkäufer ist ein Berater, ein Problemlöser und ein Begleiter, der den Kunden durch den Entscheidungsprozess führt. Dies erfordert nicht nur Fachwissen, sondern auch eine ausgeprägte Fähigkeit zur Selbstreflexion, Empathie und Wertschätzung. Der logosystemische Ansatz bietet dabei eine wirkungsvolle Grundlage, um authentische Beziehungen aufzubauen und Herausforderungen im Alltag souverän zu meistern.

Herausforderungen im Alltag meistern

1. Der Umgang mit Unsicherheiten und Einwänden
Einwände, Unsicherheiten und Ablehnung gehören zum Alltag eines jeden Verkäufers. Die Herausforderung besteht darin, diese Situationen nicht als persönliches Scheitern zu empfinden, sondern als Teil des Prozesses zu akzeptieren und aktiv damit umzugehen.

Wie der logosystemische Ansatz hilft:
- **Reflexion statt Reaktion:** Verkäufer, die ihre eigenen Gefühle und Gedanken reflektieren, reagieren gelassener auf schwierige Situationen. Anstatt sich von Ablehnung entmutigen zu lassen, erkennen sie, dass Einwände Chancen sind, um den Kunden besser zu verstehen.
- **Empathie als Schlüssel:** Ein logosystemischer Verkäufer fragt sich: „Welche Ängste, Werte oder Wünsche könnten hinter dem Einwand stehen?" Indem er empathisch auf diese emotionalen Hintergründe eingeht, baut er Vertrauen auf.

Praktische Tipps:
- Nach jedem Gespräch eine kurze Reflexion durchführen: „Was lief gut? Was hätte ich anders machen können?"
- Den Kunden aktiv fragen: „Welche Informationen würden Ihnen helfen, sich sicher zu fühlen?"

2. Der richtige Umgang mit Zeitdruck und Erwartungen

Im hektischen Verkaufsalltag wird der Verkäufer oft mit straffen Zeitplänen und hohen Zielvorgaben konfrontiert. Dies kann zu Stress und dem Gefühl führen, Kunden nur „abfertigen" zu müssen.

Wie der logosystemische Ansatz hilft:
- **Fokus auf den Sinn:** Verkäufer, die den Sinn hinter ihrer Arbeit erkennen – etwa, Menschen zu unterstützen oder Lösungen zu bieten – können besser mit Druck umgehen.
- **Achtsamkeit im Gespräch:** Anstatt sich auf die Ziele zu fixieren, konzentriert sich ein logosystemischer Verkäufer darauf, dem Kunden wirklich zuzuhören und authentisch zu sein.

Praktische Tipps:
- Vor jedem Gespräch eine kurze Achtsamkeitsübung durchführen, um präsent und fokussiert zu sein.
- Sich bewusst daran erinnern: „Es geht um den Kunden, nicht um die Verkaufsquote."

3. Authentisch bleiben – trotz Herausforderungen

Viele Verkäufer fühlen sich hin- und hergerissen zwischen den Anforderungen ihres Berufs und dem Wunsch, authentisch zu sein. Diese Diskrepanz kann dazu führen, dass sie sich unauthentisch oder „gekünstelt" fühlen.

Wie der logosystemische Ansatz hilft:
- **Wertebasiertes Handeln:** Logosystemische Verkäufer handeln im Einklang mit ihren eigenen Werten. Sie fragen sich: „Wie kann ich authentisch sein und gleichzeitig die Bedürfnisse des Kunden erfüllen?"
- **Selbstreflexion:** Regelmäßige Reflexion hilft, berufliche Anforderungen mit der eigenen Persönlichkeit in Einklang zu bringen.

Praktische Tipps:
- Sich regelmäßig fragen: „Was bedeutet Authentizität für mich? Wie kann ich sie in meinem Berufsalltag leben?"
- Feedback von Kollegen oder Mentoren einholen, um blinde Flecken zu erkennen.

Der Weg zu authentischen Kundenbeziehungen

1. Wertschätzung als Grundlage

Wertschätzung ist der Schlüssel zu einer erfolgreichen Kundenbeziehung. Sie signalisiert dem Kunden, dass er nicht nur als potenzieller Käufer, sondern als Mensch wahrgenommen wird.

Praktische Umsetzung:
- Den Kunden mit seinem Namen ansprechen und echtes Interesse an seiner Situation zeigen.

- Nachfragen stellen, die sich auf seine individuellen Bedürfnisse beziehen: „Was ist Ihnen bei dieser Lösung besonders wichtig?"
- Lob und Anerkennung für die Offenheit des Kunden aussprechen: „Vielen Dank, dass Sie das so ehrlich mit mir teilen."

2. Empathie im Gespräch
Empathie bedeutet, sich in die Lage des Kunden zu versetzen und seine Perspektive einzunehmen. Dies erfordert aktives Zuhören, Nachfragen und die Fähigkeit, Emotionen wahrzunehmen und darauf einzugehen.

Wie Empathie praktisch angewendet wird:
- Den Kunden bei Einwänden nicht unterbrechen, sondern ihm Raum geben, seine Bedenken auszusprechen.
- Aussagen spiegeln: „Ich sehe, dass Ihnen finanzielle Sicherheit besonders wichtig ist."
- Emotionen ansprechen: „Ich verstehe, dass diese Entscheidung wichtig für Sie ist. Was würde Ihnen helfen, sich sicher zu fühlen?"

3. Authentizität in der Kommunikation
Authentizität entsteht, wenn Verkäufer ehrlich und offen sind, ohne dabei ihre Professionalität zu verlieren. Kunden spüren, ob ein Verkäufer ehrlich ist oder nur vorgibt, Interesse zu haben.

Praktische Umsetzung:
- Keine vorgefertigten Phrasen verwenden, sondern individuell auf den Kunden eingehen.
- Auch Unsicherheiten zugeben, wenn nötig: „Ich weiß nicht, ob dieses Produkt perfekt für Ihre Anforderungen ist. Lassen Sie uns gemeinsam schauen."
- Klar und direkt kommunizieren, ohne manipulativ zu wirken.

Praktische Reflexion und kontinuierliche Verbesserung

1. Die Rolle der Reflexion im Verkaufsalltag

Regelmäßige Reflexion hilft Verkäufern, aus ihren Erfahrungen zu lernen und sich kontinuierlich zu verbessern. Ein logosystemischer Ansatz ermutigt Verkäufer, nicht nur ihre Erfolge, sondern auch ihre Herausforderungen und Schwächen ehrlich zu analysieren.

Fragen für die Reflexion nach einem Gespräch:
- „Was lief gut, und warum?"
- „Welche Bedürfnisse oder Einwände des Kunden habe ich gut behandelt?"
- „Was hätte ich anders machen können, um den Kunden besser abzuholen?"

2. Weiterentwicklung durch Feedback

Feedback von Kunden, Kollegen oder Vorgesetzten ist ein wertvolles Werkzeug, um blinde Flecken zu erkennen und die eigene Kommunikation zu verbessern.

Praktische Tipps:
- Kollegen oder Mentoren bitten, Verkaufsgespräche zu beobachten und ehrliches Feedback zu geben.
- Kunden nach ihrer Zufriedenheit fragen: „Haben Sie das Gefühl, dass ich Ihre Anliegen vollständig verstanden habe?"

Zusammenfassung: Praktische Anwendung des logosystemischen Ansatzes

Der logosystemische Ansatz bietet eine solide Grundlage, um Herausforderungen im Verkaufsalltag zu meistern und authentische Kundenbeziehungen aufzubauen. Die Schlüsselprinzipien – Wertschätzung, Empathie, Authentizität und Reflexion – ermöglichen es Verkäufern, nicht nur erfolgreich zu verkaufen, sondern auch langfristige Beziehungen zu ihren Kunden zu pflegen.

Praktische Checkliste für den Alltag:
1. **Vor jedem Gespräch:** Sich an den Sinn der eigenen Arbeit erinnern und den Fokus auf den Kunden richten.
2. **Im Gespräch:** Wertschätzend, empathisch und authentisch kommunizieren.
3. **Nach dem Gespräch:** Eine kurze Reflexion durchführen und gezielt nach Feedback fragen.

Ein Verkäufer, der diese Prinzipien verinnerlicht, wird nicht nur erfolgreich sein, sondern auch Zufriedenheit in seiner Arbeit finden – weil er nicht nur Produkte verkauft, sondern echte Beziehungen schafft.

Abschluss

Es war mir eine große Freude, dieses Buch zu schreiben. Nach vielen Jahren im Personenschutz und der diplomatischen Sicherheit, habe ich im Versicherungswesen und Risikomanagement eine neue berufliche Heimat gefunden, die mich begeistert und der ich mit Leidenschaft nachgehe.

Als Trainer für eine der größten Versicherungen in Österreich und als selbstständiger Risiko- und Versicherungsmanager kenne ich die Herausforderungen im Verkauf aus erster Hand.

Ich hoffe dieses Buch bietet Ihnen eine Unterstützung für Ihre tägliche Arbeit im Verkauf.
Eine berufliche Tätigkeit, die sehr erfüllend sein kann und viele Facetten beinhaltet.

Als Verkäufer*in, darf man jeden Tag Menschen helfen und das ist eine großartige Aufgabe.

Herzlichst
Manuel Rieger

Made in the USA
Columbia, SC
22 January 2025